U0127970

# 贛文化通典

## ——方志卷　第五冊

目錄

## 上編

### 第一章│統部

# 第二章 | 南昌市

## 南昌

# 第三章|景德鎮市萍鄉市新余市鷹潭市

## 浮梁

## 樂平

## 萍鄉

## 蓮花

（以上今萍鄉市）

## 貴溪

# 第四章｜九江市

## 九江

## 第五章│上饒地區

### 上饒

# ▌下編▌

## 第六章｜宜春地區

### 宜春

## 豐城

# 靖安

## 高安

## 第七章│撫州地區

### 臨川

## 第八章│吉安地區

### 吉安

## 泰和

## 第九章│贛州地區

# 贛州地區

## ▶ 贛縣

　　贛郡古乘，可遠溯至六朝劉宋鄧德明、王韶之所撰《南康記》。鄧氏係元嘉間人，王氏生平不詳。《太平御覽》引有王歆之《南康記》，「歆之」疑即「韶之」之誤。又《太平寰宇記》引有劉嗣之《南康記》，論者或以為劉嗣之即《御覽》、《寰宇記》所引《南康記》撰者劉德明，亦即鄧德明。（按：「劉德明」蓋「鄧德明」之訛。）其說別無所據，今不從。又有佚名《南康記》，屢見唐宋諸書所引。其佚文所記語涉天寶間事，蓋唐修本。然諸書所引佚名《南康記》是否俱出一書，則未可知也。又有《（虔州）古記》《南康圖經》《虔州圖經》《南康志》，其佚文散見宋初以來類書、地志，大抵為唐宋人所纂，纂人、成書年代難以考明。宋修郡志，有周夢麟《贛州圖要》《章貢圖志》、李盛《章貢志》十二卷、佚名《郡志》、紹定《章貢志》及佚名《贛州志》二冊。以上諸志已見前人或近人張國淦氏著錄，因文獻不足，其間多有不明處。元修郡乘，放失無考。明清以還，贛郡志乘修纂脈絡稍明。明初有《贛州圖經志》《贛州府志》，《永樂大典》存其佚文若干。此後，弘治四年有修舉，修纂人佚名。嘉靖年間，贛郡志據載有四種：嘉靖四年李堅所纂，未刊行；十二年巡撫唐冑主修《虔台志》十二卷，《千頃堂書目》、光緒《江西通志》有著錄；十五年董

天錫纂有府志十二卷；又三十二年巡撫談愷主修《續虔台志》五卷，《千頃堂書目》錄之。今疑唐、董兩志本係一書。天啟元年謝詔主纂府志十二卷，是書頗負時譽，清順治間湯斌重刻之。自天啟至明末，未見有贛郡志之修纂。清順治間，湯斌欲重修郡志未果，乃重刊明天啟志。康熙二十七年郡人孫麟貴、郭泰符有續修志。其時，知府李文獻亦委易學實續修一本。康熙五十二年，知府黃汝銓重修郡志，興國縣令張尚瑗主纂，時稱「名筆」。乾隆二十四年知府朱展復舉其事，稿成未刊。其後竇忻據朱稿纂輯成書。道光間有李本仁主修府志，同治間魏瀛踵修之。贛郡舊志，明嘉靖以前修本俱亡，明志今存者有嘉靖十五年本、天啟元年本兩種，天啟志原刻未見，順治重刻本存。清康熙二十七年李志原刻本有缺帙，康熙五十二年張志、乾隆四十七年竇志、道光二十八年李志、同治十一年魏志四種俱有完本存。

　　贛郡歷治贛縣，邑乘之修於清以前者，僅知有明弘治志，此處放失無考。清朝縣志凡四修：一修於康熙二十三年知縣劉瀚芳，二修於乾隆二十一年知縣沈均安，三修於道光五年知縣王維屏，四修於同治十一年知縣黃德溥、崔國榜。又光緒十三年有《贛縣鄉土志》一種。民國間先後兩次設局修志，一為民國十四年，雖開局纂輯縣志，其事未果，乃翻印舊志百部，以存文獻。民國三十五年縣令張愷復有修舉，成《新志稿》三篇。以上諸清志原書俱存。光緒《贛縣鄉土志》，不在本書考論之列，故不著錄。

　　贛縣，漢高祖三年始置，屬豫章郡；漢獻帝興平元年，分豫章郡置廬陵郡，贛縣屬焉。三國孫吳置廬陵南部都尉，領雩都、贛縣、寧都、平固、南康、陂陽、南野七縣，初治雩都，後移治贛縣。劉宋永初元年改南康郡為南康國，齊梁時仍為南康郡，俱治贛縣。陳時，贛縣與南康縣互易縣名，贛縣仍為郡治。隋廢南康郡置虔州，後復為南康郡，領贛縣、虔

化、雩都、南康諸縣。其時贛復舊縣名南康,南康亦復舊縣名贛。唐武德五年改南康郡置虔州(天寶間改為南康郡,乾元又復為虔州),領贛、虔化、南康、雩都、信豐、大庾、安遠七縣,治贛縣。南唐時,虔州為百勝軍,後改昭信軍。宋復置虔州,紹興二十三年易名贛州,領縣十:贛縣、虔化、興國、信豐、雩都、會昌、瑞金、石城、安遠、龍南,治贛縣。元置贛州路總管府。明改為贛州府,領縣十二:贛縣、雩都、信豐、興國、會昌、安遠、瑞金、龍南、石城,治贛縣。清時,贛州府仍治贛縣。

## 〔南朝宋〕南康記[1]

鄧德明纂鄧德明,南康人。

劉宋間修本　佚

《水經 水注》引鄧德明《南康記》一條。

《漢書》卷三十二,《張耳陳餘傳》注,引鄧德明《南康記》一條。

《後漢書》卷六十四,《吳祐傳》注;卷四十七,《劉表傳》注,引鄧德明《南康記》兩條。

《藝文類聚》卷四,歲時部,元正盧耽;卷六,地部,崗青龍崗、馬脊崗;峽雩都峽;石金雞石;卷七,山部上,總裁山覆笥山;卷九,水部下,湖太湖;卷六十二,居住部,闕神闕;台玉台;卷八十九,木部下,杉陳藩墓杉;卷九十一,鳥部中,雁石雁;引鄧德明《南康記》十一條。

《初學記》卷五,地部,總裁山玉台,神闕;卷二十,政理部,貢獻蔗一節;卷二十八,果木部,桃生玉嶺;卷二十九,獸部,鼠敘事、金堂;引鄧德明《南康記》六條。

　　《太平御覽》卷二十九，時序部十四，元日盧耽；卷四十八，地部十三，山黃唐山；卷五十三，地部十八，峽雩都峽；崗青龍崗，馬脊崗；卷五十四，地部十九，穴通天穴、覆笥穴；卷六十六，地部三十一，潭梓潭、贛潭；卷一七九，居處部七，闕神闕；卷一九三，居住部二十一，城石城；卷五五六，禮儀部三十五，葬送陽道士；卷五五九，禮儀部三十八，塚墓柴侯墓、螺亭、陳蕃墓；卷五六七，樂部十五，鼓吹樂君山；卷八八四，神鬼部四，鬼下山都、木客；卷九一六，羽族部三，鵠盧耽；卷九一七，羽族部四，雁石雁；卷九三四，鱗介部六，蛇下陳蕃墓蛇；卷九四一，鱗介部十三，螺螺亭；卷九六〇，木部九，章；引鄧德明《南康記》二十三條。又卷六十九，地部三十四，湍贛水，引劉德明《南康記》一條。

　　《太平寰宇記》卷一〇八，虔州，贛縣黃唐山，引鄧德明《南康記》一條。又南康縣君山，引劉德明《南康記》一條。

　　《輿地紀勝》卷三十六，南安軍，景物下石君山，引劉德名《南康記》一條。

　　《說郛》卷六十一，潯陽四隱、神闕、玉台、青竹杖，錄晉鄧德明《南康記》四條。

　　《永樂大典》卷二六〇四，七皆，台玉台；卷三五二七，九真，門室門（《南安府志》）；卷八〇九二，十九庚，城石城（《太平御覽》）；引鄧德明《南康記》三條。

　　章宗源《隋書經籍志考證》卷六：《南康記》卷亡，鄧德明撰，不著錄。《水經溧水注》：州治中盧耽，少棲仙術，善解雲飛。《藝文類聚》歲時部同。《漢書·張耳傳》注，大庾領一也，桂陽騎田二也，

九真都龐領三也，臨賀萌清領四也，始安越城領五也。又見《後漢書》吳祐傳、劉表傳注。《初學記》政理部，雩都縣土壤肥沃，偏宜甘蔗，郡以獻御，並引鄧德明《南康記》。《太平寰宇記》江南西道：聶都山三石形似人，居中者為君，左曰夫人，右曰女郎，此稱劉德明《南康記》。又同卷引平亭、橫浦廢關二事，稱劉嗣之《南康記》；《通典》州郡門注亦稱劉嗣之。

《太平御覽經史圖書綱目》：鄧德明《南康記》。

光緒《江西通志》藝文略。

《江西古志考》卷九。

【按】王謨《豫章十代文獻略》文苑載「鄧德明，南康人，元嘉末就雷次宗學，與韋遙等以博洽聞，嘗著《南康記》，一郡山川奇蹟表識為多，足稱文獻」。按南康鄧德明從雷次宗學事，《述異記》已略言之。鄧氏所纂《南康記》，最早見引於酈道元《水經注》，其後劉昭《後漢書》注、顏師古《漢書》注、《藝文類聚》《初學記》《御覽》《寰宇記》等均有採錄。清王謨《豫章十代文獻略》《江西考古錄》亦輯鄧記佚文若干條，係從諸書中轉錄。又《御覽》地部「贛水」引劉德明《南康記》一條；《寰宇記》，虔州，南康縣「君山」亦引劉德明《南康記》一條。（按：《紀勝》引該條題作「劉德名《南康記》」，「名」當是「明」之誤。）又，《寰宇記》，虔州，大庾縣「平亭」「橫浦廢關」，引劉嗣之《南康記》兩條；《通典》，州郡門注引劉嗣之《記》一條；《紀勝》南安軍，景物下「大庾嶺」，古跡「橫浦廢關」引劉嗣之《紀》兩條。秦榮光《補晉書藝文志》卷二據《寰宇記》著錄劉德明《南康記》，有案曰：「《通典》注作劉嗣之，《漢書

張耳傳》注作劉德明」，以為劉德明與鄧德明，劉嗣之三者為一人。章宗源《隋志考證》著錄鄧德明《南康記》，其考語略舉諸書所引鄧德明，劉德明、劉嗣之《記》數事，然未辨其同異。今按劉德明或是鄧德明，《御覽》《寰宇記》引時誤將「鄧」字引作「劉」，不無可能。若謂劉嗣之亦是鄧德明，尚無充分之理由與依據。茲將劉德明《南康記》佚文暫繫於此，劉嗣之《記》別錄作一種。

〔南朝宋〕南康記[2]

王韶之纂

劉宋間修本　佚

《藝文類聚》卷六，地部，石石令史；卷八，山部下，山石鼓山；引王韶之《南康記》兩條。

《初學記》卷五、地部，總裁山仙宮，引王韶之《南康記》一條。又卷八，州郡部，江南道金雞石、石雁、梓潭，引《南康記》三條。

《太平御覽》卷五十五，地部二十，窟蛟龍窟，引王韶之《南康記》一條。又卷五十二，地部七十，石女媧石，引王歆之《南康記》一條。

秦榮光《補晉書藝文志》卷二：《南康記》據初學記引，王韶之撰。

聶崇歧《補宋書藝文志》。

《太平御覽經史圖書綱目》：王歆之《南康記》。

章宗源《隋書經籍志考證》卷六：《南康記》卷亡，王韶之

撰，不著錄。《初學記》地理部：雩都縣有君山，大風雨石，聞弦管聲，其山謂之仙宮。《藝文類聚》地部：湘源有長瀨，其傍石或象人形，土人名為令史。山部：寧都溪西有一山，狀為鼓、相傳謂之石鼓。《太平御覽》地部：歸美山山石紅丹，赫若采繪，名曰女媧石。並引王韶之《南康記》。《御覽》地部赤石山，峽山、官山三事，皆語涉唐天寶。則鄧、王所記外，別有一《南康記》。

《中國古方志考》：《南康記》宋佚。宋王韶之纂。

《江西古志考》卷九。

【按】王韶之《南康記》，《藝文類聚》《初學記》《御覽》諸書均有引錄。王韶之其人不詳，其書纂年亦難確考。據《藝文類聚》卷六「石鼓山」條有「寧都之溪有一山……去縣三里」。此縣乃寧都縣。按吳寶鼎初置新都縣，晉太康中改寧都縣，隋開皇十八年改虔化。王氏《南康記》成書當在隋開皇十八年以前。張國淦氏錄作（劉）宋書，疑近是。又《太平御覽經史圖書綱目》著錄王歆之《南康記》（無王韶之《記》），《御覽》中既引王韶之《記》一條，又引王歆之《記》一條，頗疑「歆之」乃「韶之」之訛，蓋以「韶」「歆」兩字形近致誤。王謨《江西考古錄》卷三，山阜，「石鼓山」引王歆之《南康記》，此條與《藝文類聚》卷六，「石鼓山」引王韶之《南康記》佚文相同，不知王謨自何書輯得。亦可作「歆之」即「韶之」之一旁證。又《御覽》《寰宇記》屢引佚名《南康記》，章宗源以為該書「語涉唐天寶」，乃「鄧、王所記外別有一種《南康記》」，章說是也。

## 南康記

劉嗣之纂

修纂年不詳　佚

《太平寰宇記》卷一〇八，虔州，大庾縣平亭、橫浦廢關，引劉嗣之《南康記》兩條。

《輿地紀勝》卷三十六，南安軍，景物下大庾嶺；古跡橫浦關；引劉嗣之《南康記》兩條。

《江西古志考》卷九：《南康記》劉嗣之纂。未見著錄。按：是書最早見引於《寰宇記》署名「劉嗣之」。《御覽》有劉德明《南康記》，無劉嗣之。或以為嗣之即德明。劉嗣之其人無考，是書佚文亦無足考定其撰年，姑錄之俟論。

## 〔唐〕南康記

佚名修纂

唐修本　佚

《江西古志考》卷九：南康記佚卷數、撰人。未見著錄。

《元和郡縣志》卷二十八，虔州，大庾縣，引《南康記》一條。

《藝文類聚》卷八十六，果部上，桃石桃，引《南康記》一條。

《太平御覽》卷四十八，地部十三，山金雞山、儲潭山、螺亭山、赤石山、峽山、梓潭山、歸美山、官山、君山、柴侯峽山、盤固山；卷五十四，地部十九，岩陽道士葬岩室、五嶺；卷六十六，地部三十一，湖平湖；潭梓潭；卷九六七，果部四，桃寒桃；引《南康

記》十六條。

《太平寰宇記》卷一〇八，虔州，贛縣赤石山、玉石山、螺亭山、馬脊岡、儲潭祠、歸美山；雩都縣金雞山、峽山、梓潭、柴侯峽、樟樹潭、官山、君山、盤固山、霄山；南康縣涼熱水、青龍岡；引《南康記》十七條。

《輿地紀勝》卷三十二，贛州，景物上官山、霄山、螺亭；景物下赤石山、樟樹潭、樟潭山、馬脊岡、金雞山、玉房山、珠玉山、夜光山、幹山、歸美山；古跡女姥山、儲潭祠、柴侯墓；又卷三十六，南安軍，縣沿革大庾縣；景物上五嶺、熱水；景下物涼熱山涼熱水；古跡青龍崗；引《南康記》二十一條。

《永樂大典》卷二二七一，六模，湖雲石山湖（《寧都縣志》）；卷九七六六，二十二覃，岩積書岩（《太平御覽》）；引《南康記》二條。

王謨《豫章十代文獻略》卷四十二，寓賢；卷四十七，別傳；引《南康記》兩條。

王謨《江西考古錄》卷二，土地塞上；卷三，山阜大庾嶺；卷四，川澤夢水；卷六，古跡盤古堡、松關、梓樹；卷七，塚墓陳墓、象塚、七侯墓；卷七，物產鐘乳、石室、空青曾青；引《南康記》十二條。

【按】《御覽》《寰宇記》諸書又引有佚名《南康記》多條。今檢其佚文，有與鄧德明所記同地同事者，然文辭頗多歧異。且如章宗源所說「語涉唐天寶」，顯非鄧德明、王韶之書。考《御覽》地部「赤石山」條引佚名《南康記》曰「天寶六年敕改玉房山」；「官山」條曰「官山者，天寶六年改名玉珠山」。又「五嶺」

條引此《記》曰：「第二騎田嶺，今桂陽臘嶺是；第三都龐嶺，今江華郡永明嶺是……第五越城嶺，即零陵郡南源嶺是也。」考諸沿革：一，唐武德四年改桂陽郡為郴州，天寶初復為桂陽郡；乾元初仍改為郴州；二，唐天寶初改道州置江華郡，乾元初復為道州；三，唐武德四年，改零陵郡為永州，天寶初復為零陵郡，乾元初又改為永州。據此可以判定，輯文所言「今桂陽郡」「今江華郡」之「今」，俱為天寶初至乾元之間，則佚名《南康記》，必修於天寶六載以後十年間，成書下限不得超出肅宗至德年。

## （虔州）古記

佚名修纂

修纂年不詳　佚

《永樂大典》卷八〇九三，十九庚，城南安府城（《南安志》注），引《古記》一條。

《中國古方志考》：（虔州）古記佚。

《江西古志考》卷九。

## 南康圖經

佚名修纂

修纂年不詳　佚

《太平御覽》卷四十八，地部十三，山空山，引《南康圖經》一條。

《江西古志考》卷九：《南康圖經》佚卷數、撰人。未見著錄。

【按】本志成書或者在唐武德五年改南康郡為虔州之前，或

在天寶復改虔州為南康郡時。今難考確。

## 虔州圖經

佚名修纂

修纂年不詳　佚

《太平御覽》卷一七〇，州郡部十六，虔州贛縣，引《圖經》一條。

《太平寰宇記》卷一〇八，虔州，贛縣，引《虔州圖經》一條。

王謨《豫章十代文獻略》卷四十九，備志，引《虔州圖經》一條。

《中國古方志考》：《虔州圖經》佚。

《江西古志考》卷九：《虔州圖經》佚卷數、撰人。按：隋平陳，罷南康郡置虔州；大業初，復為南康郡。唐武德五年改南康郡復置虔州。《寰宇記》引本志作《虔州圖經》，佚文曰「貞觀中移於今理」，知志題「虔州」，為唐時所置，成書當在宋太平興國以前，疑是唐修舊乘。

## 南康志

佚名修纂

修纂年不詳　佚

《輿地紀勝》卷三十六，南安軍，古跡陳蕃子孫墓（《南安志》），引《南康記》一條。

《江西古志考》卷九：《南康志》佚卷數、撰人。未見著錄。按：茲輯《南康志》一條，乃《紀勝》南安軍，古跡，轉錄《南安志》所

引，記陳蕃子孫墓事。陳氏墓塚在宋虔州南康縣青龍岡（見《寰宇記》《紀勝》），張國淦氏以為是南宋南康軍地（即今九江星子、都昌等縣地），將此《南康志》斷歸宋朱端章《南康軍志》，實誤。考《紀勝》此處言陳蕃墓事，既引《南康志》，又引佚名《南康記》，其文稍有異，似為兩書。又考《南安志》係宋淳熙四年間方崧卿修。《南康志》既見引於《南安志》，知其成書必早於淳熙年，具體年代無以推定。

## 〔宋〕贛州圖經

周夢祥纂

宋修本　佚

《輿地紀勝》卷三十二，贛州，州沿革治雩都；縣沿革石城縣、會昌縣、龍南縣；景物下梓潭山，覆笥山；古跡蕭帝巖；引《圖經》七條。

《宋史》藝文志：周夢祥《贛州圖經》卷亡。

《中國古方志考》。

《江西古志考》卷九。

【按】本志見《宋史藝文志》著錄，題名「贛州圖經」，當修於宋紹興二十三年改虔州為贛州之後。又，《紀勝》引《圖經》七條，張國淦氏以為係周夢祥《圖經》。據輯文「會昌縣」條載會昌置縣；「覆笥山」條曰「在興國縣」。會昌、興國兩縣俱宋太平興國年間所置，知《紀勝》此引《圖經》必為宋修本。然輯文「梓潭山」條曰：「在龍南。」今考治革，南唐保大十年始置龍南縣。《紀勝》引《皇朝郡縣志》云：「宣和改為虔南，紹興復舊。」龍南縣復舊名，《宋史》地理志曰紹興三十三年，誤。

《紀勝》引《中興小曆》《國朝今要》俱曰紹興二十三年虔州改贛州，虔南復名龍南亦當在此時。據此，可推知《紀勝》所引《圖經》，或修於宋太平興國以後，宣和以前；或修於紹興二十三年以後，寶慶以前。其佚文無以考定是北宋修本，還是南宋修本，故未可輕斷必為周夢祥《贛州圖經》。今姑仍《中國古方志考》著錄，附說於此，以備考識。

## 章貢圖志

佚名修纂

修纂年不詳　佚

《永樂大典》卷七五一四，十八陽，倉大濟倉，引《章貢圖志》一條。

《中國古方志考》。

《江西古志考》卷九。

## 〔宋〕章貢志十二卷

李盛纂

宋修本　佚

《輿地紀勝》卷三十二，贛州，州沿革於天文為星紀之分野、春秋時屬吳越、又置雩都縣、李氏偽命升昭信軍、尋復罷為江南西路、隸江南西道；風俗形勝城於章貢二水之間；景物上貢水、章水、贛水（四條）；景物下金精山；卷三十六，南安軍，軍沿革吳及百粵之地，春秋時屬吳；引《章貢志》十六條。

《宋史》藝文志：李盛《章貢志》十二卷。

《文淵閣書目》卷四，舊志：《章貢志》八冊，又《章貢志》六冊。

《遂初堂書目》地理類：《章貢志》。

光緒《江西通志》藝文略：《章貢志》《輿地紀勝》引，無撰人名氏。

《江西古志考》卷九：《章貢志》十二卷宋，李盛纂。按：《紀勝》卷內引《贛貢志》凡十五事。據贛州，州沿革，引本志曰：「中興以來為管內安撫使，尋罷，復為江南西路兵馬鈐轄兼都南安軍南雄州甲兵習」，知是南宋所修。又《大典》引《章貢志》多條，成書晚於本志，張國淦氏另行著錄，甚是。

## 〔宋〕（贛州）郡志

佚名修纂

修纂年不詳　佚

《輿地紀勝》卷三十二，贛州，風俗形勝郡當二廣之沖，引《郡志》一條。

《中國古方志考》：《（南康）郡志》佚。

《江西古志考》卷九：《（贛州）郡志》宋，佚卷數、撰人。按：《紀勝》引《郡志》一條，其文出自是志《趙抃傳》。趙抃，字閱道，衢州西安人，景祐元年進士，嘉祐六年知虔州，卒於元豐七年。此《郡志》當是趙抃卒後所修，纂年無考。《紀勝》引稱「郡志」，似非其原書名，疑即李盛《章貢志》也。

## 〔紹定〕章貢志

佚名修纂

宋紹定三年（1230）修本　佚

《永樂大典》卷二七五四，八灰雜陂名；卷三一四九，九真，陳<sub>陳皓</sub>；卷七五〇七，十八陽，倉常平倉；卷七五一六，十八陽，倉南倉、北倉、省倉、新倉、鹽倉；卷八〇九二，十九庚，城贛州府城（三條）、益漿城（《南安志》注）；卷一二〇一八，十二有，友詩友；引《章貢志》十三條。

《中國古方志考》：《章貢志》佚。

《江西古志考》卷九：《章貢志》宋，佚卷數、撰人。按：《大典》引《章貢志》凡十三條，其「贛州府」條最晚記至宋「寶慶戊子」。寶慶戊子（三年）當紹定元年，張國淦氏曰：「知是紹定元年以後所修。」今考此條曰：「自淳熙丙午郡守周必正翻砌，距今四十二年」，又「寶慶戊子，郡守聶子述改今名」。自淳熙丙午（十三年）下推四十二年，乃紹定三年，佚文曰「今」，即是年也。據此可考是《章貢志》修於紹定三年，晚於《紀勝》成書，非王象之所引《章貢志》明矣。

## 贛州志二冊

佚名修纂

修纂年不詳　佚

《永樂大典》卷一三〇七五，一送，洞金精洞，引《贛州志》一條。

《文淵閣書目》卷四，舊志：《贛州府志》二冊。

《江西古志考》卷九：《贛州志》二冊佚撰人。按：贛州府，乃

明朝建置。《文淵閣書目》舊志有《贛州府志》，是書既錄舊明以前「舊志」，又稱「贛州府」，甚謬，此書題「府」字必為衍文。今輯《大典》引《贛州志》一條，撰年無考。佚文曰「贛州府寧都縣」。宋寧都縣，元大德年升州，明初降為縣。是志若即《文淵閣書目》舊志所錄，則當係宋人所修，佚文「贛州府」三字應是後人所增。明初亦有《贛州府志》一種，《大典》所引《贛州志》或係明修志，亦未可知。今謹依《大典》引稱之舊著錄，存疑俟考。

## 〔明〕贛州圖經志

佚名修纂

明初修本　佚

《永樂大典》卷八〇九三，十九庚，城贛州府城，引《贛州圖經志》一條。

《江西古志考》卷九：《贛州圖經志》明，佚卷數、撰人。按：《贛州圖經志》佚文曰：「壬辰癸巳，四方兵擾，監郡全普庵撒里重修之。」又「秋九月攻圍，城陷，陳兵繼修之，逮至版圖歸於國朝」。全普庵撒里，元末江西行省參政；此言陳兵，指陳友諒兵；「國朝」指明，知是志為明洪武、建文間所修。

## 〔明〕贛州府志三冊

佚名修纂

明初修本　佚

《永樂大典》卷三五二五、九真，門戟門儀門；卷九七六三，二十二覃，岩通天岩、東陽岩；卷九七六四，二十二覃，岩甘

泉岩、注水岩、陳石岩、洪石岩、小池岩；卷九七六五，二十二覃，
岩上岩；卷一三〇七四，一送，洞三門洞；引《贛州府志》十條。

《文淵閣書目》卷四，新志：《贛州府志》三冊。

《江西古志考》卷九：《贛州府志》三冊明，佚撰人。按：《大
典》「戟門儀門」條引本志曰：「元改為經歷司架閣庫」，「元改為推官廳
事」，又佚文屢稱「本府」，知是志修於明初，《文淵閣書目》新志所錄是
也。

## 〔弘治〕贛州府志

佚名修纂

明弘治四年（1491）修本　佚

【按】據明天啟《贛州府志》例言：「舊志鄉賢中興國有王
編修質。按《宋史》，質先為軍人，徙興國，不明言軍與縣也……
查弘治辛亥志無質名，嘉靖庚寅志始有之，豈因《一統志》《江
西通志》乃增入。」此言「弘治辛亥（四年）志」，知是年贛州
府修郡志。是志後人無有著錄，茲據天啟府志例言錄之。

## 〔嘉靖〕贛州府志[1]

邢珣　羅輅　張權修　李堅等纂邢珣，字子用，當塗人，進
士，正德十年知贛州府。　　羅輅，江寧人，進士，嘉靖元年知贛州
府。　　張權，湖北安陸人，進士，嘉靖四年知贛州府。　　李堅，長汀
人，進士，曾任戶部郎中。

明嘉靖四年（1525）稿本　佚

【按】嘉靖九年知府王世芳修府志，有序曰：「正德丙子，

前守當塗邢公始聘長汀李公堅修之，屬草已完，而邢公以擢官去。金陵羅公屬其門人舍生歐陽誠者潤色之。安陸張公復加校正，序其首簡，將付梓矣，屬以更任弗果。」知此志經始於正德九年，由郡守邢氏主修，稿成，後經繼任羅輅、張權潤色、校訂，仍未付梓。其後，王世芳據此稿重修一志。

## 〔嘉靖〕虔台志[1] 十二卷

唐冑修 唐冑，字平侯，廣東瓊山人，進士，嘉靖十二年以右副都御史巡撫南贛。

明嘉靖十二年（1533）刻本　未見

光緒《江西通志》藝文略：《虔台志》十二卷 嘉靖十二年巡撫都御史唐冑等修。

【按】本志僅見光緒《江西通志》著錄。唐冑，後之府志列入「名宦」，其傳未言有修府志之事，後志序跋亦未見提及。考嘉靖十五年修有《贛州府志》十二卷，該志係嘉靖七年巡撫汪鋐倡修，遷延至嘉靖十五年才告竣，唐氏《虔台志》與嘉靖十五年府志卷數相同，又在府志纂修期內，頗疑原為一書。然光緒《通志》又錄有嘉靖十五年志，茲姑依《通志》分別著錄，疑者存焉。

## 〔嘉靖〕贛州府志[2] 十二卷

王世芳等修　董天錫等纂 王世芳，字齊美，太倉人，進士，嘉靖七年任贛州知府。　董天錫，字壽甫，寧都人，進士，官至廷尉。

明嘉靖十五年（1536）刻本　存

光緒《江西通志》藝文略：《贛州府志》十二卷嘉靖十五年郡人董天錫修。《贛州府志》天錫字壽甫，寧都人。

《中國地方志聯合目錄》：《贛州府》十二卷康河修，董天錫纂。明嘉靖十五年刻本。

王世芳序贛州府志，正德丙子前守當塗邢公始聘刑部郎中長汀李公堅修之，屬草已完，而邢公以擢官去。金陵羅公屬其門人上舍生歐陽誠者潤色之，安陸張公復加校正，序其者簡，將付梓矣，屬以更任弗果。嘉靖戊子芳偶承乏，今御史大夫蓉東汪公時以中丞節出鎮茲土，復衷其稿裁決於廷尉董公，乃為重複考訂，並增入近事前本之所未載者，書成而蓉東公被召歸朝矣，至是逾年始以入刻，刻既成，芳復僭序其刻之之意……（嘉靖九年）

【按】本志之修，乃據正德府志手稿為底本。正德十一年，郡守邢氏主修府志，稿成未刊，繼任郡守羅輅、張權復加校訂，行將付新舊而張氏調去。至嘉靖八年，「待御容峰陳公玒有見於此，乃謀諸都憲玉泉王公湜」，以贛志屬董天錫修葺。時王世芳任贛州知府。董氏「乃與陳教授英、李舉人國紀參互考訂，收其散逸、刪其繁蕪，以就簡約，備采覽」（董天錫序）。其事王、董均有序述之。逾年志稿增訂告竣，嘉靖十五年刻成。時武進康河為郡守。又，是志雖據正德志志稿重加考訂，體裁亦仍其舊，然「增入近事前本之所未裁者」。本書援例另錄為一志。《稀見方志提要》曰「閱其書文筆頗就簡約，據事直書，無誇飾之辭，能盡志乘核實之道，宋梁克家《三山志》之流亞也」。今存嘉靖十五年原刻本，藏天一閣，上海古籍書店有影印本。

## 〔嘉靖〕虔台志[2] 十二卷

虞守愚修虞守愚，字惟明，浙江義烏人，進士，嘉靖二十一年任巡撫南贛都御史。

明嘉靖間修本　未見

《千頃堂書目》卷七：虞守愚《虔台志》十二卷。

【按】本志見《千頃堂書目》著錄。虞守愚，後志列入「名宦」，其傳未言修贛郡志之事，後志家序跋及藝文志俱無記載。茲據《千頃堂書目》著之，存疑俟考。

## 〔嘉靖〕續虔台志五卷

談愷修談愷，無錫人，進士，嘉靖三十二年任巡撫南贛御史。

明嘉靖間修本　未見

《千頃堂書目》卷七：談愷《續虔台志》五卷。

【按】本志除《千頃堂書目》外，未見他書著錄。談氏續修郡志之事不詳，其書亦無從考知其詳。

## 〔天啟〕贛州府志二十卷

余文龍等修　謝詔纂余文龍，字從雲，福建古田人，進士，天啟元年任贛州知府。　謝詔，字彥實，號鳳渚，贛縣人，進士，曆官刑部員外郎、四川按察使、雲南布政史，著有《玉房集》等。

明天啟元年（1621）刻本　未見

清順治十七年（1660）重刻本　存

《四庫全書總目提要》史部地理類存目二：《天啟贛州府志》二十卷明謝詔撰。

光緒《江西通志》藝文略：《贛州府志》二十卷天啟中郡人謝詔修。《贛州府志》詔稱余文龍撰。考詔自序云，丙辰蘭陽李公攝郡篆，囑以筆札之役，長洲金公來為守，謀與李合，乃編次成帙，兩公遷秩去，司農伍公繕寫，進之堂長余公，輒付梓。是詔修之而文龍為之刊行也。

《中國地方志聯合目錄》。

謝詔序郡志修於嘉靖之丙申，距今八十六年，往矣已事闕如，失今不續，後將何考。萬曆間郡大夫有議及此者，曾兩開局，未睹厥成。丙辰之歲，蘭陽李公以司權別駕攝郡篆，重有意焉，而謬屬予以筆札之役，予謝不敏，而公意彌篤，會長洲金公來為守，謀與公合、則再四趣之。予乃鍵關窮搜，取各邑新舊牘，稍為編次。既成帙，惴惴不稱，庋之案頭者久之。已而兩公俱以遷秩行，事亦旋寢，司農伍公後至，嘗受託李公，數過山房，索予志稿甚亟。予遂巡出而請正，公即攜去。今春督漕綱赴省會，遂命橡繕寫成部，歸而進之堂長余公。余公不鄙，輒付梓人，既為區處厥費，而一切鳩匠供饋，更以煩司儲朱公。凡越四月，殺青斯竟。予也自慚黯淺之識，益以衰耄之年，鼯技易窮，豹窺實短，匡其不逮，尚冀望於後之嗣修者。

【按】本志之修，經始於萬曆四十四年丙辰，時李志道以司權別駕來攝贛郡篆，欲修府志，屬謝詔主斯役。是年長洲金汝嘉出任太守，促成此事。至志稿甫就，李、金俱以遷秩去，事亦旋寢。天啟元年春，司農伍氏受李志道之托，遂命書橡將志稿繕寫成部，進之時任知府余文龍，乃付梓宣行。謝氏自序言此役始末甚明。本志凡二十卷，分輿地、營建、食貨、統轄、職官、名宦、兵防、權政、祠祀、選舉、鄉賢、方外、紀事、紀言諸門，子目七十九。湯斌評是志「義例謹嚴，事辭詳該，猶稱善志」。

然亦間有未當處，如《四庫提要》謂「亭館舊跡，例應敘於古跡門，乃悉舊之營建志，則古來勝地，似悉建於明代矣；又鄉賢志分忠義、孝友各門，又別之質行一門，未免繁複；又沿革門謂太康三年改為南康郡，今考《晉書》乃太康二年，非三年也」。所言俱是，若執此以斥全書「體例頗為舛互，亦多錯誤」，似欠平允。本志有天啟元年刊本，未見。又清順治十七年重刻本，湯斌《重刻贛州府志序》謂，得見天啟府志舊本，「惜止於明熹宗朝，莊烈以來闕然未載」，乃下檄所部網羅舊聞，欲重修之，後以湯氏告病，其事未果，乃重刻天啟府志、重刻本今存全帙。

### 〔康熙〕贛州府志[1] 二十卷

李文獻修　易學實纂李文獻，字允公，遼東人，蔭生，康熙二十二年任贛州知府。　易學實，字去孚，號犀厓，雩都人，主纂《雩都縣志》，著有《犀　文集》等。

清康熙二十三年（1684）刻本　闕

《中國地方志聯合目錄》。

【按】清順治十七年，湯斌參藩嶺北道，曾有修纂贛州府志之議，後以湯氏告病未果。康熙二十二年，知府李文獻又有修志之舉，延易學實主纂。本志係明天啟府志之續修，其卷帙、體例，悉仍天啟志之舊，接續其後六十年間郡事，於舊志闕誤處，間有補訂。有康熙二十二年刻本，今缺卷十七。

### 〔康熙〕贛州府續志三卷

孫麟貴　郭泰符纂孫麟貴，一名楊麟貴，字廣成，贛縣舉人，曾

任清江縣教諭、升任陝西信知到，嘗參纂《江西通志》。　　郭泰符，郡人。

康熙二十七年（1688）刻本　未見

光緒《江西通志》藝文略：《贛州府續志》三卷康熙二十七年郡人孫麟貴修。《贛州府志》：麟貴之廣成，贛縣人。

【按】康熙五十二年府志例言曰：「謝方伯贛郡志素名善本，自大司空睢州湯公稱其義例謹嚴，事辭詳核，惟成書至今九十餘年，鄉邦文獻不得不有事增修。康熙甲子，郡人孫麟貴、郭泰符續志起於有明之熹懷，但主踵事，無意更弦」。據此，康熙二十三年甲子郡人孫麟貴、郭泰符本明天啟府志續修，是修「但主踵事，無意更弦」。光緒《江西通志》著錄本志康熙二十七年修（與府志例言微異），疑《通志》所言係成書之年。又，康熙二十三年知府李文獻主修一志，亦本明天啟府志而續之，然康熙二十五年府志例言未提，光緒《通志》亦無著錄，不知李、孫二志關係如何？孫志今未獲見，無從比較。

## 〔康熙〕贛州府志[2] 七十八卷首一卷

黃汝銓修　張尚瑗纂黃汝銓，字學山，鑲白旗人，監生，康熙五十年任贛州知府。　　張尚瑗，字弘蘧，吳江進士，康熙四十三年任興國知縣，主修《潋水志林》。

清康熙五十二年（1713）刻本　存

光緒《江西通志》藝文略：《贛州府志》康熙五十年興國知縣張尚瑗修。

《中國地方志聯合目錄》。

黃汝銓序予以辛卯秋上事贛郡，少參嵩岩陳公則語以纂修郡乘之役，方置局蕆事，纂修者誰，興國令損持張君也⋯⋯凡張令所舉裏事之人、所采之書、所移旁郡縣之符牒、所發之凡例條目，一一請於少參公，可而後行。予亦得參預其末。期年書成，郎公已移節淮上。上其稿，擊節嘉許，無遺議。乃更命之鋟板以行⋯⋯（康熙五十一年）

【按】本志修於康熙五十年，興國縣令張尚瑗主纂事。張氏曾主修《瀲水志林》，頗獲時譽。本志體例依仿《瀲水志林》，全志正文七十八卷，分為五門：卷一至十八志地，卷十九至五十二志人，卷五十三至五十八志政，卷五十九至六十六志事，卷六十七至七十八志言。本志以資料豐富見稱，黃汝銓序稱：「張君更為旁搜紹遠，蓋求前志之所未逮。人物增者有什四五，人物之姓名具而事蹟未備，增者又什二三，異聞軼說、典章制度增有什六七；詩文簡牘增者不啻什之八九。舉舊刪較之，大有徑庭，若河漢焉。」本志與明天啟謝志，後人並稱「名筆」。

## 〔乾隆〕贛州府志[1]

朱扆修朱扆，江寧人，生員，乾隆二十四年任贛州知府。

清乾隆二十四年（1759）稿本　未見

【按】乾隆四十三年府志竇忻序曰：「乾隆己卯，前守朱公復舉其事，稿垂成，去，遂輟。閱今二十年，存舊稿於蠹蝕之餘。余一展閱，未嘗不慨歎前勞。」據此，乾隆二十四年己卯，知府朱扆舉修郡志，稿成未刊，二十年後，竇忻據此稿修成一志。《中國古方志考》著錄乾隆四十三年志係朱扆所修，林有席纂，乃將朱志稿與竇志混同一書。朱志既有成稿，今援例另錄一

種。

## 〔乾隆〕贛州府志[2] 四十四卷首一卷

寶忻修　林有席纂寶忻，平定州拔貢，乾隆四十二年任贛州知府。　林有席，字儒珍，號平園，分宜舉人，曾任湖北東湖縣知縣，參纂《吉安府志》。

清乾隆四十七年（1782）刻本　存

光緒《江西通志》藝文略：《贛州府志》乾隆四十二年知府寶忻修。

《中國地方志聯合目錄》：《贛州府志》四十四卷首一卷朱扆等修，林有席纂。清乾隆四十三年修，四十七年刻本。

寶忻序郡志自元以來未有聞。明正德丙子，邢公珣曾一修舉，見於嘉靖董志序。董志而後有天啟辛酉謝志、國朝康熙甲子張志，皆名筆也。乾隆己卯，前守朱公復舉其事，稿垂成，去，遂輟。閱今二十年，存舊稿於蠹蝕之餘。余一時展閱，未嘗不慨歎前勞，思踵成其書……分宜林君有席，前領吉安志、義例嫺熟，走幣延主其稿，佐以新建孝廉杜愛、府學劉教授謙、劉訓導欽謨並裏贊之，八閱月脫稿……（乾隆四十三年）

【按】乾隆四十三年，贛州知府寶忻舉修郡志，聘林有席主筆。此前二十年，朱扆曾修府民，稿成未刊。寶氏此修以朱稿為底本，參考舊志，辨訛訂舛，補缺刪繁，如寶序所言：「林君參舊志新編為發凡十六則，總目十六，虛公熟商，而後援筆，于林君任賦役軍政圖考，教授（劉謙）任學校名宦寺觀，訓導（劉欽謨）任建置，兩人又兼任人物列傳，自天文、地理、山川、秩官、選舉、封爵、列女、藝文、雜志，皆林君領之」，八閱月脫

稿。有乾隆四十七年刊本。本志編輯亦有疏誤處，為後人所譏。道光李本仁稱：「寶志義例不精，兼多舛誤，甚或圖易位，至以越為燕，以蔡為越，以鄭為韓，以韓為鄭。」（道光府志序）

## 〔道光〕贛州府志七十八卷首一卷

李本仁修　陳觀酉纂李本仁，字藹如，浙江錢塘人，賜進士出身，道光二十三年任分巡吉南贛寧道。　　陳觀酉，浙江錢塘人，生員。

清道光二十八年（1848）刻本　存

光緒《江西通志》藝文略：《贛州府志》七十八卷道光二十八巡道李本仁修。

《中國地方志聯合目錄》。

李本仁序遂不揣弇陋，積數年之采輯，至丁酉夏甫集。值長寧匪案，親往搜捕，道所屬各邑，復流覽諮詢……凡蹤跡所歷，輒志其略以備考訂。尋又攝臬，事功未半而中輟，明年方以次續葺，旋膺撫江臬使之命，不獲竣劑……因攜至南昌梓成之……（道光二十八年）

【按】本志係分巡吉南贛寧道李本仁主修。李氏自序稱「積數年之采輯，至丁酉夏甫集」。按：此「丁酉」（道光十七年）當是「丁未」（二十七年）之誤。次年「方以次續葺」。稿成，李氏「旋膺撫江臬使之命」，攜稿至南昌梓成。本志體例略仿康熙張尚瑗府志而有所變更，其凡例云：「張志分志地、志人、志政、志事、志言，於政事分為二類，殊未愜心。然其宏綱要已畢舉，今首輿地，即志地也；次官師、選舉，即志人也；次藝文、外志，即志言也。竊取其義，名雖異而實同，加以條目，則庶幾縷晰云。」

# 〔同治〕贛州府志七十八卷首一卷

**魏瀛修　魯琪光　鐘音鴻等纂**魏瀛，字柳南，邵陽廩貢，同治六年任贛州知府。　　魯琪光，南豐進士，翰林院庶起士。　　鐘音鴻，興國進士，翰林院編修，前湖南辰沅永靖道。

清同治十二年（1873）刻本　存

《中國地方志聯合目錄》。

**魏瀛序**中執法劉公請修省志，奉俞綸飭先修州縣志，以匯於府而上之。瀛奉檄後，思維志事之難如此，而材乏三長，懼無以塞明命，稟商觀察文公，遴舉官紳襄其事，延南豐魯太史任筆削焉。觀察又遇事相提命，而綜籌核校則俞大令實始終其事……（同治十二年）

【按】本志係同治十一年知府魏瀛奉檄纂修，實是道光李志之續編，體例仍舊，間有訂補。其凡例曰：「贛州府志修於道光戊申年，為李志，距今二十五年。其先有湯文正重刊謝詔本，及郡人孫麟貴、郭泰符續志，不可得見。所存者惟康熙間張大令尚瑗、乾隆間竇太守所修兩志。張志徵引博洽；竇志則李序謂其義例不精，且多舛誤。經李志參酌考訂，較稱明善。此次距李修匪遠，其無所損益者悉仍其舊，至應增補者，均於每條下注明；其有訛舛重複應刪訂或存疑未決者，則附以按語。俱以李志為據而參張志、竇志及各邑志，細加斟酌以求確當。」本志有同治十二年刊本，今存。

# 〔弘治〕贛縣志

佚名修纂

明弘治間修本　佚

【按】本志未見著錄。明天啟謝詔《贛州府志》例言云：「郡志有采輯邑志而成之者也。吾郡屬邑有志，獨會昌、石城兩邑無刻本，贛有弘治刻本，余為諸生猶及見之，而今亡矣。」此言「贛」，指贛縣，知弘治間贛縣修有邑志，且有刻本傳。然至明天啟修纂府志時，弘治贛縣志已亡。清劉翰芳序康熙二十三年縣志，云：「而縣志概夫未聞，或云舊有弘治刻本，亦不可考。」可見，至清人修贛縣志時，已不知弘治間有縣志矣。茲據天啟府志例言著述，以補贛縣明典之闕。

## 〔康熙〕贛縣志十六卷首一卷

劉瀚芳修　孫麟貴纂劉翰芳，字北海，宛平人，副知貢，康熙十七年任贛縣知縣。

清康熙二十三年（1684）刻本　存

光緒《江西通志》藝文略：《贛縣志》康熙二十三年知縣劉瀚修。

《中國地方志聯合目錄》。

劉瀚芳序傳有郡志，不知創於何代。考之故有，一修於嘉靖之丙申，再修於天啟之庚申，觀止矣。而縣志則概夫未之有聞。或云舊有弘治刻本，亦不可考。予承乏茲土，而使缺典弗修，非所云屬恪共乃職也。遂折簡以招合邑人士謀所以纂輯之，並補天啟以後本邑之事，且束帛加爵敦請博古通今之士以董其成。顧念縣無底本，乃取府志所載，並訪之故老，廣為搜羅，勒成一冊，付之剞劂……（康熙二十三年）

【按】康熙間知縣劉瀚芳修纂縣志，聘邑人孫麟貴主纂事。成書於康熙二十三年，劉氏有序記其事。本志係清修第一部贛縣

志。劉氏此修，乃本故明贛州府志，尤於天啟謝詔府志採取為多，並補續天啟以後之邑事，又「訪之故老，廣為搜羅，勒成一冊」。其書十六卷，首一卷，正文分天文、輿地、營建、食貨、祠祀、秩官、名宦、選舉、人物、列女、武備、方外、紀事、紀言十四分志。所記名宦、選舉、人物諸志較為詳備。又，光緒《通志》著錄本志為「知縣劉瀚修」，「瀚」下脫一「芳」字。

## 〔乾隆〕贛縣志三十四卷首一卷

沈均安修　黃世成　馮渠纂沈均安，字際可，江蘇高郵人，附貢，乾隆十七年任贛縣知縣。　　黃世成，信豐進士，原任禮部主客司額外主事。　　馮渠，浙江嘉興進士，原任江西靖安知縣。

清乾隆二十一年（1756）刻本　存

光緒《江西通志》藝文略：《贛縣志》二十四卷乾隆二十一年知縣沈鈞安修。

《中國地方志聯合目錄》。

沈鈞安序余自壬申承乏茲土，吏書循例首呈邑志，披覽之下，留意重修……遂擇吉於前年之秋，設局纂修，而兩廣文與紳士等咸董其事。於是取舊志以為底本，康熙甲子之前各款悉如舊志，而自乙丑至今，事蹟紛雜茫然莫措，乃與諸君子旁搜博采……蓋自甲戌九月至丙子八月而志始成……（乾隆二十一年）

【按】本志係乾隆二十年知縣沈鈞安主修，次年八月告竣。是志乃康熙劉瀚芳志之續修本，「康熙甲子（二十二年）之前，各款悉如舊志」，所續「自乙丑（康熙二十四年）至今」。記事止於乾隆二十一年。全志三十四卷，首一卷。光緒《通志》錄作

「二十四卷」，誤。

## 〔道光〕贛縣志三十二卷首一卷

　　王維屏修　周步驤纂王維屏，號菊溪，山西猗氏人，進士，道光二年任贛縣知縣。　　周步驤，字麟峰，安福進士，贛州府教授。

　　清道光五年（1825）刻本　存

　　光緒《江西通志》藝文略：《贛縣志》道光四年知縣王維屏修。

　　《中國地方志聯合目錄》。

　　王維屏序今上二年壬午，大府議修通志，核定格式，檄發各州縣，各志備采。而余以是歲由西昌調授茲邑。甫下車，按閱舊志，蓋距今又七十載矣，其間事蹟紛如，應增入者不知凡幾……爰晤廣文李君達川，黃君潤庵，並集邑之諸紳士相與商榷，共襄斯舉。延教授周麟峰先生主纂修，余亦於公暇校閱之。開局癸未之吉，逾年而稿始定。較之前志，庶幾乎稱詳矣……（道光五年）

　　【按】道光二年，上憲議修通志，檄各州縣修志以備采輯。贛縣令王維屏因設局修纂，委教授周步驤主纂。此修依憲頒格式行事。「開局癸未（道光三年）之吉，逾年而稿始定。」又王維屏有序，撰於道光五年四月。此本志刊竣之時。

## 〔同治〕贛縣志五十四卷首一卷

　　黃德溥　崔國榜修　褚景昕纂黃德溥，號樸齋，連州人，進士，同治八年署任贛縣知縣。　　崔國榜，安徽太平人，進士，同治十一年任贛縣知縣。　　褚景昕，字警軒，高安人，副貢生。

　　清同治十一年（1872）稿本　存

清同治十一年（1872）刻本　存

民國二十一年（1931）鉛印本　存

《中國地方志聯合目錄》。

黃德溥序溥自同治己巳權纂是縣。越明年庚午，奉大府檄續修志書。乃與褚我齋、肖子吾君二廣文暨諸邑紳士商，聘我齋從叔警軒總其事，而公舉邑之明經行修嫻於典故者，開局之文昌宮，首遵江西通志局採訪條規分鄉延訪，廣為搜羅。未幾，而省復頒示十志五十有四目。於是分門而紀，依例而書。舊場所有，時踵而增之；其所無，則詳為抉擇，補所未逮。二廣文日一至焉，余政事之暇亦時一至焉，參互考訂，閱八月而稿始成，又閱數月而剞劂氏工始竣……（同治十年）

【按】同治九年，贛縣署知縣黃德溥奉命纂輯邑志，褚景昕董其事，閱八月而稿成。其後共氏調任，崔國榜繼任，於志稿「間商一二，以付梓人」。黃、崔各有序文，言其事頗詳。本志之修，本省頒條例十志五十四目，「分門而紀，依例而書」。全書五十四卷首一卷。卷首序、輿圖、凡例、修纂人姓氏。正文地理志九卷、建置志四卷、食貨志六卷、學校志三卷、武備志二卷、職官志三卷、選舉志四卷、人物志十二卷、藝文志七卷，雜類志四卷。有同治十一年刻本，今存。

〔民國〕贛縣新志稿三篇

張愷修　陳建中等纂張愷，字述耘，民國三十二年任贛縣縣長。　陳建中，字植侯，贛州人，曾任東南高商職校校長。

民國三十五年（1946）鉛印本　存

《中國地方志聯合目錄》。

張愷三十二年，爰商得邑紳陳仲騫先生之同意，設局經營。第以史料因時間過久，禍亂時作，或被毀，或已散失，搜集維艱。三十四年二月，贛縣縣城更遭日寇攻陷，志局暫停，愷則致力於遊擊工作。七月，縣城重光，隨軍入城辦理善後復員肅奸建設諸端，志局也即恢復。不幸仲騫先生積勞逝世，乃商請陳植侯先生董其事……聘賢纂作，閱五月而畢……（民國三十五年）

【按】本志之修，經始於民國三十二年，縣長張愷聘邑紳陳仲騫主其事。至三十四年二月，贛縣淪陷，志局暫停。七月縣城光復，重開志局，時陳仲騫卒，復聘陳建中董其事，五閱月而告竣。張愷有序記此役顛末頗詳。本志一改舊乘例制。全書劃分為三篇，篇下分章，章下分節。一史地編，有沿革、位置、疆域、地形、氣候、地質、面積、人口、大事記九章；二人文編，有黨務、政治、經濟、財政、文化、交通、司法、社會、勝跡、金石十章；三地方篇，包括本縣所領轄之一鎮四十二鄉，各為一章，編末附錄詩文詞若干篇。一、二編為全縣總述，三編分記各鄉（鎮）之地理、物產、戶口、交通等諸端。本志內容較為豐富。除用文字表述外，更附有多篇圖表，便於觀覽。

## ▶ 于都

于都舊名雩都。明以前舊志，見於前人著錄僅有南宋紹興邱欽若《雩都圖經》、嘉熙周頌《雩都縣志》兩種，此外未聞。明正統初，縣丞蔣逵據「舊志」輯為一書；弘治間高伯齡續修之；嘉靖二十五年知縣許來學、嘉靖四十五年知縣劉壁等先後踵修成書；萬曆間知縣黃應元又有續本。明

修縣志之可考者，如上述。清朝縣志凡六修，先有康熙元年李祐之志，次康熙四十七年盧振先志，次乾隆十六年左修品志。左志纂成，以「取去失當，考核未精」見斥，繼任縣令高敘澤奉憲飭令改修，於乾隆二十二年刊成。此後，道光十年鈕士元等、同治十三年王穎等均奉檄修志。清以前舊志，今存者僅明嘉靖二十六年許來學志。清修六種，今存五種，唯乾隆十六年左修品志未見，存亡不知。

雩都縣，漢高祖六年始置，以縣北有雩山得名，屬豫章郡。後漢末屬廬陵郡。三國吳末，為廬陵南部都尉治。晉太康三年，為南康郡治。劉宋時屬南康國，齊梁時仍屬南康郡。陳廢。隋初復置雩都縣，屬虔州。唐仍之。宋初屬虔州，後屬贛州。元屬贛州路。明清屬贛州府。一九五七年改為于都縣。


〔紹興〕雩都圖經

邱欽若修邱欽若，奉議郎，紹興二十三年任雩都知縣。

宋紹興間修本　佚

光緒《江西通志》藝文略：《雩都圖經》紹興四年知縣邱欽若修。

《中國古方志考》。

《江西古志考》卷九。

【按】邱欽若於宋紹興間所纂《雩都圖經》，係本縣舊志最早見於著錄者。此志明、清邑志修纂者已有所不知。明萬曆甲午縣志李淶序稱：雩都至宋「嘉熙間邑令周公頌始有志」。清乾隆丁丑縣志管樂跋亦從此說，而明人劉璧序嘉靖丙寅縣志，更謂「雩都有志，自縣佐蔣逵草創」。（按：蔣志修於明正統初。）殊

不知先於宋嘉熙周志百餘年，已有邱氏《圖經》，而蔣達所修，更在邱氏二百年之後。邱氏《圖經》之前有邑志與否，今不可考。又本《圖經》，光緒《通志》錄為「紹興四年修」不明所據。考清同治縣志卷八，秩官志：「邱若欽，奉議郎，紹興二十三年任，著《雩都圖經》」，本《圖經》當修於邱氏為雩令任內。

〔嘉熙〕雩都縣志

周頌修周頌，字叔成，廬陵人，嘉熙二年知雩都縣。

宋嘉熙二年（1238）修本　佚

光緒《江西通志》藝文略：《雩都縣志》嘉熙二年知縣周頌修。

《中國古方志考》。

《江西古志考》卷九。

【按】明萬曆甲午縣志李淶序謂雩都縣志之修始於宋嘉熙間邑令周頌，清乾隆丁丑縣志管樂跋亦曰「雩志之作，則自宋嘉熙邑令周頌始」。

〔正統〕雩都縣志

蔣達修　孫思遠纂蔣達，字文質，湖廣寧遠人，洪熙元年任雩都縣丞。　孫思遠，邑人。

明正統二年（1437）刻本　佚

光緒《江西通志》藝文略：《雩都縣志》正統二年縣丞蔣達修。

脫英序春陵蔣君達，字文質，佐雩有政聲，將滿考，以雩志手鈔有魯魚亥豕之病，乃命儒士孫思遠訪求舊志，詣邑庠請黌繹而校正焉，覆命工繡梓廣其傳……（正統二年）

【按】本志已佚，僅存脫英序一篇。清同治縣志卷首歷朝纂修邑志姓名：「明正統丁巳志，主修訓導龍城脫英、舂陵蔣達，纂修邑人孫思遠。」光緒《通志》著錄為「縣丞蔣達修」。今按兩志所錄似未確。考脫序，通篇未言其參與修志之事，僅於志書刻成之後應蔣氏之請作序而已。脫氏不當入修纂人之列。又，據脫序，蔣氏先得「雩志手鈔」本，以其多有舛誤，覆命孫思遠訪求「舊志」，請邑庠「讎繹而校正」，然後付梓刊行。則本志當以「雩志手鈔」為底本，參校「舊志」而成之校訂本。脫氏未言蔣達有所增益補葺。同治縣志卷七名宦志有蔣達傳，記蔣氏任雩都縣丞九年，未及修志之事。又明正統二年王琳任雩都知縣，亦無修志之舉。疑所謂「雩志手鈔」本，修纂去蔣未遠，故無所增續。惜脫序語焉不詳，又無其他證佐，且仍光緒《通志》著錄，聊附管見於此以俟高明。

〔弘治〕雩都縣志

高伯齡修　袁端纂高伯齡，字平哲，福建長樂舉人，弘治十二年任雩都知縣。　袁端，邑舉人，曾任教諭。

明弘治十三年（1500）刻本　佚

光緒《江西通志》藝文略：《雩都縣志》弘治十三年知縣高伯齡修。

高伯齡序雩都為漢大縣，自孫吳割地為陽都，蕭梁分地為安遠，南唐析象湖鎮為瑞金，宋析九州鎮為會昌，石城之分，又至陽都，是雩之一邑分為虔之六縣……伯齡承乏令邑，每致浩歎往隆今替，何故哉？間聘泰和羅君輔為之訂定圖志，既成矣……（弘治十二年）

　　【按】同治縣志卷八，秩官志載高伯齡「主修縣志」。即本志。志書已佚。今僅見高氏自序一篇。高序作於明弘治已未（十二年），而同治志秩官載高氏「弘治十三年」任雩都知縣，似未確，今從高序。又高序稱「間聘泰和羅君輔為之訂定，《圖志》既成矣」云云，不知本志原名《雩都圖志》，抑高氏以「圖志」代稱其書。今仍光緒《通志》著錄。

## 〔嘉靖〕雩都縣志[1] 二卷附外志一卷

　　許來學修　袁琚纂許來學，字汝聞，浙江余姚舉人，嘉靖二十五年知雩都縣。　　袁琚，字敬甫，邑貢生。

　　明嘉靖二十五年（1546）刻本　存

　　光緒《江西通志》藝文略：《雩都縣志》二卷嘉靖二十六年知縣許來學修。

　　《中國地方志聯合目錄》。

　　【按】明嘉靖丙寅縣志劉璧序云：「雩都有志，自縣佐蔣逵草創，而邑令高君伯齡、許君來學先後增修，固亦井然理，蔚然章。」又清同治縣志亦載來學「重修縣志」。本志及此前弘治高志，俱本正統蔣逵修訂本遞相增續。全志上下兩卷，列目凡三十五，另附外志一卷。有明嘉靖二十五年刻本存世，此係明修雩都縣志見存於今之最早刊本。

## 〔嘉靖〕雩都縣志[2] 十三卷

　　劉璧　高士蜚修　袁淳　黃褒纂劉璧，字茂竹，貴州清平衛舉人，嘉靖四十四年任雩都知縣。　　高士蜚，字念穀，新會舉人，嘉靖四

十五年知雩都縣。　　袁淳，字育真，邑進士，累官廣東道監察御史、湖廣按察司僉事，編著《集古大成》二百二十卷。　　黃褒，邑貢生，曾任柳州通判。

明嘉靖四十五年（1566）刻本　未見

光緒《江西通志》藝文略：《雩都縣志》十三卷<sub>嘉靖四十五年</sub>知縣劉璧修。

劉璧序<sub>雩都有志，自縣佐蔣遠草創，而邑尹高君伯齡、許君來學先後增修，固亦井然理，蔚然章。璧承乏蒞此土，取舊志而閱之，見其詳略爽宜，紀述浮實，且刻本為水漂沒過半焉。乃謀諸侍御袁君淳、太學生黃子褒而欲補其廢……此雩之為志，紀一，志六，表二，傳四，合之凡十有三卷，然皆傳舊耳，未嘗作也。若夫兼總條貫，統括紀綱，則待御史袁君之功為最；訂核謬誤，補葺遺脫，則太學生黃子之力居多。予樂觀厥成，謹綴數語以引諸者，且以識歲月云。（嘉靖四十五年）</sub>

【按】據本志主纂袁淳序：「茲舉也，劉君茂竹創其始，高君念穀相其終。梓人之費，二公皆捐俸為之。」知本志為嘉靖四十四年知縣劉璧始修，次年劉氏調任，高士蜚為雩都知縣，繼續修成。同治縣志卷八秩官志，亦載高氏「接修邑志」。又劉璧序稱：「此雩之為志，紀一，志六，表二，傳四，合之凡十有三卷，然皆傳舊耳，未嘗作也。」此志乃據前邑令蔣、高、許諸人所修舊志，「正其錯簡，刪其繁亂，黜其疑義」，而增續後事以成。袁淳「兼總條貫，統括紀綱」，黃褒「訂核謬誤，補葺脫遺」。嘉靖四十五年纂成刊刻。

## 〔萬曆〕雩都縣志十卷

黃應元修　高紹貴　易懷擢等纂<sub></sub>黃應元，道州舉人，萬曆二十年任雩都知縣。　　高紹貴，邑人。　　易懷擢，字子帶，本邑歲貢，曾任永豐縣訓導、湖廣宜章教諭。

明萬曆二十二年（1594）刻本　佚

《千頃堂書目》卷七：李淶《雩都縣志》十卷。

光緒《江西通志》藝文略：《雩都縣志》萬曆二十二年知縣黃應元修。

李淶序歷唐至宋嘉熙間，邑令周公頌始有志。明興，而正統、宏、嘉中遞修之。今春陵黃侯至，則謂後事宜續也，前事毋脫也，謀予重修之。予淺陋，兼負沉疴，遂因辭。侯簡文學高子紹貴、易子懷擢、何子文孟、李子一松綜其事。四子者，學古而好修者也，間視予病，詢已事，予稍稍談說一二，四子者領之。積三月而志成……（萬曆二十二年）

【按】本志係萬曆二十二年知縣黃應元主修。原本已佚，黃應元、李淶序見錄於後志。據李序，黃應元以修志事謀諸李淶，李氏以「淺陋兼負沉疴」固辭，「侯簡命文學高子紹貴、易子懷擢、何子文孟、李子一松綜其事」。則李淶於本志僅作修纂指導，實未操筆纂述。康熙壬寅縣志易學實序稱「中丞李公淶」修葺邑志，恐非事實。又，李序云本志「於沿革，而此邑故實可坐鏡於千數百年之前；象緯示分星，而儆戒寓；山川脈絡詳哉言之，而風氣凝毓得斯概矣；讀先民風俗之篇暨長民者播告，其有憂世之心乎；建設詳而庶政舉，徭役平而窮簷部屋無悲於杼柚之空；秩官選舉，表其勳德燦然者，亦繹思崇楷範也；終之藝文雜記，而志成矣」。於是可見本志之大概。

# 〔康熙〕雩都縣志¹ 十四卷

　　李祐之修　易學實等纂李祐之，長山貢士，順治十四年任雩都知縣。　　易學實，字去孚，號犀□，邑人，主纂康熙《贛州府志》，著有《犀□文集》等。

　　清康熙元年（1662）刻本　存

　　光緒《江西通志》藝文略：《雩都縣志》康熙元年知縣李祐之修。

　　《中國地方志聯合目錄》。

　　易學實序今國朝定鼎十九年，文德四洽，李侯以世家名儁來令吾雩五年，風行治美，因諮於廣文臨川萬輿庵、南昌楊予齡二先生以總修志事，學實乃得與聞於幾席之側……故凡纂葺刪補，考核謹嚴，虛公廣集，唯恐毫有頗謬者……計凡聚席二月，書成，就正於萬、楊二先生，以上於李侯，遂付梓人……

　　【按】本志係入清以來雩都縣志之首修本，康熙元年知縣李祐之舉修，「聚席二月，書成」，付梓。主修人李祐之序此志修因由，謂「因思舊志值水漂以來，所遺留者斷簡殘編耳，原本多闕，考訂何憑，不能命之梓人，奚以傳之後世」。遂設局重修邑志。李氏又謂其志「皆以據實爾，敢云作哉！況前有高、劉、黃三公先後襄成，固已秩然有章，余因而列之，以俟後之賢達者再為潤色耳」。知本志所載萬曆以前邑事，大抵本高、劉、黃舊志，又踵續其後，記至清順治末而止。全志凡十四卷，首述縣紀，繼有山川、田賦、職官、祠祀、名宦、鄉賢、人物、文學、建置沿革及風俗諸志。易學實主其纂事，參纂者有謝天詔、梅貫英等。

## 〔康熙〕雩都縣志² 十四卷

盧振先修　管奏馘纂 盧振先，字孝則，盛京錦縣人，康熙四十任雩都知縣。　管奏馘，字淩士，號省庵，邑舉人，著有《省庵集》。

清康熙四十七年（1708）刻本　存

光緒《江西通志》藝文略：《雩都縣志》康熙四十七年知縣盧振先修。

《中國地方志聯合目錄》。

管奏馘序 郡侯朱公檄十二邑匯輯成書，邑侯盧公遂欣然有重修邑志之命，奏馘躬逢其盛……茲但以四十七年中親覯邑中之人物風俗、科名、節孝，非所見異辭、所聞異辭、所傳聞異辭者比，因與二三同志訪之憲老，搜諸遺編、發幽彰微，詳加增續……（康熙四十七年）

【按】管奏馘序言本志修纂事，謂其時贛州府纂輯郡志，檄所屬諸邑匯輯成書，雩都知縣盧氏因有重修邑志之舉，命管氏主其纂事。又據管序稱：本志「條例之所分，節序之詳明，一依犀厓先生（引者按：指易學實）之舊章，不敢妄為更易焉」。「但以四十七年中（引者按：指康熙元年至四十七年），親覯邑中之人物、風俗、科名、節孝，非所見異詞、所聞異辭、所傳聞異辭者比，因與二三同志訪之憲老，搜諸遺編，發幽彰微，詳加增續」。知本志實為康熙元年縣志之續編，體例一仍其舊，只增續乾隆元年至四十七年間之邑事而已。

## 〔乾隆〕雩都縣志¹

左修品修　李睿等纂 左修品，衡陽人，監生，乾隆十六年任雩都知縣。　李睿，字淇聖，號園，邑人，乾隆庚辰恩科解元。

清乾隆十六年（1751）刻本　未見

【按】乾隆丁丑（二十二年）縣志管樂跋云：「乾隆十六年，欽命黃公總制兩江，甫下車，即檄行各府州縣重新志乘，雩亦遵檄而行，開局纂輯。書成，上之憲司，以去取失當，考核未精，飭令易版改修。」知乾隆十六年雩都縣曾奉檄修志，時邑令為左修品。主纂者有李睿及宋啟傳、曾躍龍諸人。本志既已修成，未符憲司之意，飭令改修。其時左令調去，高澤敍來任知縣，聘段彩改修。然後志評李睿此修「獨出體裁，考核精詳，直筆無私，為邑人所詬病，撫台命其略改易數條，睿執不依，乃聘段公彩改修。然李志間猶有存者，其優絀終不可誣也」（同治縣志卷十，人物，文苑，「李睿」條）。本志今未獲見，存佚不明。

## 〔乾隆〕雩都縣志[2] 十四卷

高澤敍修　段彩纂 高澤敍，直隸靜海舉人，乾隆十七年任雩都知縣。　段彩，字孫錦，號絅庵，本邑進士，曾任宣城知縣。

清乾隆二十二年（1757）刻本　存

光緒《江西通志》藝文略：《雩都縣志》 乾隆二十二年知縣高澤敍修。

《中國地方志聯合目錄》。

管樂序 乾隆十六年，欽命黃公部制兩江，甫下車，即檄行各府州縣重新志乘，雩亦遵檄而行，開局纂輯。書成上之憲司，以去取失當，考核未精，飭令易版改修。邑侯高以瀛海名士宰雩，因捐俸數十金，以為一邑倡。且集紳士以及鄉者里老量力題輸，共襄盛典。更簡文品兼優者入局將事，兼總纂修則有若段君彩……盧公廣集，詳慎刪訂，閱三月而書成……

（乾隆二十二年）

【按】本志主修高澤敘序曰：「歲壬申，余奉簡命來宰雩邑。甫下車，學憲湯檄修縣志。時案牒旁午，未遑也。閱三載，諸務稍舉，乃得從公餘取舊乘而考核之……凡五閱月而竣。」據此，本志台修於乾隆二十年，五閱月而修成。按高氏前任左修品亦奉檄修邑志，委邑人李睿主事。左志以「取去失當，考核未精」見斥，憲司飭令易版改修。（其事略見邑人管樂序，參見本書「乾隆十六年縣志」考說）高氏此修即奉命行事。又本志主纂段彩序稱：「前總制黃公檄下，亦云將數十年間應行入志者，照原志（按指康熙四十七年盧志）門類編次附後事。」知此修體例一仍康熙盧志，「依其規條節次，多方采撷，聊為補續」。實盧志之續編也。本志有乾隆二十二年刻本，存。

## 〔道光〕雩都縣志三十二卷

鈕士元　何應桂　黃濬修　宋惟駒等纂鈕士元，順天宛平舉人，道光元年任雩都知縣。　何應桂，湖北巴東人，拔貢，道光三年署雩都知縣。　黃濬，字壺舟，浙江太平人，進士，道光三年知雩都縣事，後調臨川，九年復任。　宋惟駒，邑舉人，揀選知縣借補奉新縣訓導。

清道光十年（1830）刻本　存

光緒《江西通志》藝文略：《雩都縣志》道光六年知縣黃濬修。

《中國地方志聯合目錄》。

宋惟駒序道光三年冬，中丞程公議葺通志，先檄修州縣志。邑侯鈕公爰集紳士倡修。明年春，鈕公去。八月，何公來攝篆，乃聘李君奮霄、

蕭君琢林、劉君六吉、協中、易君雲會共為校訂。駒以譾陋之學，亦得從事焉。未幾，黃侯壺舟先生至，乃呈於侯。侯博學鴻才，淛之名宿，筆削謹嚴，論斷精確。時未告竣，侯旋調臨川諸邑。九年，侯復蒞茲土，予與劉君六吉重加校訂，侯為鑒定，閱數月而志成……（道光十年）

【按】本志之修，係奉檄而行，始倡於道光三年知縣鈕士元。此後鈕氏調任，何應桂攝篆，接修之。何氏旋又調去，黃濬繼任知縣，踵其事。志未成而黃氏調移臨川諸邑，事中輟。至道光九年，黃氏回任，再聘宋惟駒等重加校訂，閱數月稿成付刊。本志主纂宋惟駒自序言此修經過頗詳。本志「分為三十二卷，發凡起例，俱遵通志局所定格式」（本志凡例）。卷一星野志，卷二沿革志，卷三形勢志，卷四城池志，卷五山川志，卷六水利志，卷七學校志，卷八公署志，卷九書院志，卷十田賦志，卷十一風俗志，卷十二土產志，卷十三兵衛志，卷十四武事志，卷十五關津志，卷十六驛鹽志，卷十七古跡志，卷十八封典志，卷十九秩官志，卷二十選舉志，卷二十一名宦志，卷二十二人物志，卷二十三寓賢志，卷二十四列女志，卷二十五仙釋志，卷二十六方伎志，卷二十七祥異志，卷二十八祠廟志，卷二十九塋墓誌，卷三十寺觀志，卷三十一藝文志，卷三十二雜記志。是志門各一卷，門類分劃，頗覺繁雜，「有數百字一卷，數頁一卷者」（同治縣志凡例）。有失允當。有道光十年刊本，存。

〔同治〕雩都縣志十六卷首一卷

顏壽芝　陳翔墀　王穎修　何戴仁　洪霖纂顏壽芝，字香陔，湖北松滋縣人，副貢，同治五年任雩都知縣。　陳翔墀，福建長樂進

士，同治十一年署雩都知縣。　　王穎，直隸肅寧舉人，同治十一年任雩都知縣。　　何戴仁，字曙峰，號耐圃，邑舉人。　　洪霖，字常吉，號夢野，本邑舉人。

清同治十三年（1874）刻本　存

清光緒二十九年（1903）補刻本　存

《中國地方志聯合目錄》：《〔同治〕雩都縣志》十六卷首一卷（清）顏壽芝、王穎修，何戴仁、洪霖修，清同治十三年刻本，清光緒二十九年許金策補刻本。

王穎序前縣令顏壽芝，前署縣陳翔墀奉飭纂修縣志，搜輯新事，考其端末，詳細載入，用垂永久。稿雖成猶未付梓。適予涖茲土，取前稿披閱。筆墨雖佳，事蹟未備，且與省頒章程不符。因飭局更訂……閱兩寒暑始得蕆事……（同治十三年）

【按】同治九年，雩都知縣顏壽芝奉省檄修志，顏去後，署令陳翔墀接修之，至同治十年志稿粗成。其後任知縣王穎以為「事蹟未備，且與省頒章程不符」，因飭局更加修訂，歷兩寒暑告竣鋟鋅。此志凡例云：「發凡起例，悉遵通志局所定格式。」又曰：「舊志（指道光志）分三十二卷，有數百字一卷、數頁一卷者，未免卷數太繁，茲約繁就簡，匯為十六卷，各卷每頁中縫目次井然，仍便於翻閱。」本志體例，大抵沿道光志之舊，門類間有省並。有同治十三年刻本，又光緒三十七年許金策補刻本，俱存。補刻內容所增無幾，不另錄。

## ▶ 信豐

信豐縣乘，清人言有「宋志」，撰人撰年，俱已失考。明人俞琳述邑乘原委則稱「勝國以前志無考」。所數明志，以洪武康侯昌修本為最先出。其後有訓導敖進、王昉之修。自永樂王昉志至嘉靖俞雍志稿，其間有百餘年，先後凡四修，其事無考，其書不傳。嘉靖俞氏志稿未刊，隆慶間張淵本之纂修。明修邑志今知者如上述諸種，皆放失無存。清修本有六種，康熙五年、康熙四十一年、康熙五十八年凡三修。康熙四十一年僅成志稿，未付版刻。五十八年據此稿重修。乾隆十六年遊法珠主修邑志。此後凡兩度續修，一續於道光四年，再續於同治九年。清修本除康熙四十一年志稿不存外，其他五種俱在。

唐永淳元年，析南康地置南安，屬虔州。天寶元年，改天下縣名相同者，以泉州有南安，故改虔州南安為信豐，以人信物豐為名。南唐保大十年，屬昭信軍。宋屬贛州。元屬贛州路。明、清屬贛州府。

## 〔宋〕信豐縣志

佚名修纂

修纂年不詳　佚

【按】本志前無著錄。據清乾隆十六年縣志凡例：「陂塘俱仍舊志，無容妄增，致成地訟。舊志云：宋志所載，存者十之四，今又不知存者幾何。然其名固不可易也。」此言「宋志」，當為宋修縣志。該書係何人所修，成於何時，俱不考，亦未見有著錄。今據乾隆縣志凡例錄之，可略補宋元邑乘之闕佚。

## 〔洪武〕信豐縣志

康侯昌修康侯昌，洪武間任信豐縣教諭。

明洪武間修本　佚

《永樂大典》卷七五〇七，十八陽，倉常平倉，引《信豐縣志》一條。

《江西古志考》卷八：《信豐縣志》明康侯昌纂。

【按】明隆慶《信豐縣志》俞琳跋云：「勝國以前志無考。入國朝，洪武中修於教諭康侯昌，永樂中修於訓導王昉，頗見故實。嗣後四修，雜出胥史，義無當矣。」據此，明修信豐舊乘之可考者，當以洪武康侯昌本為最早。然明嘉靖《贛州府志》，秩官，教諭，載「康侯昌，永樂十六年任，兵燹之余，募修縣志，文獻賴以不逸」。乾隆十六年縣志卷三，官師，教諭記載與嘉靖府志同，卻與俞琳所言洪武中教諭修志有異，未知孰是。考俞琳之父雍於明嘉靖間輯纂邑志，琳亦曾參校隆慶縣志，其言當有據。又明永樂間，先後有教諭敖進、王昉纂修縣志。康志之修，宜在此前。今姑依俞跋著錄康侯昌志為洪武修本，並錄嘉靖府志說以備考。又，《永樂大典》引《信豐縣志》一條，不知是否出自明以前舊乘還是明初之書，暫繫於此。

## 〔永樂〕信豐縣志[1]

敖進修敖進，信豐縣訓導。

明永樂間修本　佚

【按】清乾隆十六年縣志卷三，官師，訓導「敖進」條下注云「修縣志」。知訓導敖進曾修縣志。敖進任信豐訓導確年不

詳。乾隆十六年縣志，官師，訓導，列其名於王昉之前，則敖氏修志亦先於王氏。敖氏此書，俞琳未曾言及，後之志家述信豐邑乘源流亦見有說。頗疑敖倡修在先，王氏踵其事，志書成之王手，故俞琳只言王修而不及敖修。因文獻不足徵，不敢強為之說，謹據乾隆縣志著錄。

## 〔永樂〕信豐縣志[2]

王昉修王昉，永樂間任信豐縣訓導。

明永樂間修本　佚

【按】明隆慶縣志俞琳序云：「入國朝，洪武中修於教諭康侯昌，永樂中修於訓導王昉，頗見故實。」知王氏修於明永樂間。本志未見後人著錄，茲據俞跋著錄。又據俞琳稱：自永樂王氏後，至嘉靖俞雍修志之前，邑志先後凡四修，「雜出胥史，義無當矣」。此百年間四修，亦未見史志言及，其事今不可考，無以著錄，附說於此。

## 〔嘉靖〕信豐縣志

徐鑾修　俞雍纂徐鑾，栗水人，歲貢，嘉靖十四年任信豐知縣。　俞雍，本邑拔貢，弘治間曾任將樂縣主簿。

明嘉靖十六年（1537）稿本　佚

【按】明隆慶縣志俞琳跋云：「嘉靖乙酉，督學周公撰《江西通志》，時鄧先生卓暨先人雍為諸生，錄邑事上之。至丁酉，邑令徐侯獨授簡於先君，於是旁搜博采，幾一載而始就，未竟殺青，徐侯調去，今僅存一稿耳。」由此可知，嘉靖四年乙酉修纂

《江西通志》，邑人鄧卓、俞雍曾「錄邑事之上」，當係資料輯錄，至嘉靖十六年丁酉，邑令徐鑾委俞雍纂輯縣志，歷時近一年稿成，未及付梓，徐氏調去，僅存志稿一部，「山川、風俗、官司、科目粗備」。而後隆慶間知縣廖憲修志，即據是稿。本志前人未著錄，茲據俞琳跋錄之。

## 〔隆慶〕信豐縣志

廖憲修　張淵纂廖憲，福建大田人，鄉貢，隆慶間以郡別駕署信豐知縣。　張淵，字旌德，邑人。

明隆慶四年（1570）刻本　佚

光緒《江西通志》藝文略：《信豐縣志》隆慶四年知縣廖憲修。謹按：是志俞琳跋云：勝國以前志無可考，洪武中修於教諭康侯昌，永樂中修於訓導王昉，嗣後四修，雜出胥史，義無當矣。嘉靖乙酉，督學周廣分撰江西通志，時鄧先生卓暨先人雍為諸生，錄邑事上之，至丁酉邑令徐侯獨授簡於先君，於是旁搜博采，幾一載而始就，未竟殺青，徐令調去，所存者僅一稿耳。

俞琳跋琳譾薄，謬以文事為諸大夫所錄。客歲五月，郡別駕廖公以署篆至邑，亦引而進之。惟公志勤民隱，欲昭古鏡今，剔弊興利者甚亟。間謁，語及邑志，琳對曰：「勝國以前志無考。入國朝，洪武中修於教諭康侯昌，永樂中修於訓導王昉，頗見故實。嗣後四修，雜出胥史，義無當矣。嘉靖乙酉，督學周公撰江西通志，時鄧先生卓暨先人雍為諸生，錄邑事上之。至丁酉，邑令徐侯獨授簡於先君，於是旁搜博采，幾一載而始就。未竟殺青，徐令調去，今所存一稿耳。」公慨然曰：「是不為邑闕典哉。」索稿閱之，以為山川、風俗、官司、科目、貢賦、土物之類粗備，

可傳，第須續丁酉以後事。爰聘張君為總裁，且以士為輔。琳以嫌不敢就，辭之再四，乃免。稿既呈，公覆命鄧先生校訂焉，蓋俯從邑人之心而致慎重之意耳。大都事始出先君，為變例詮文，則張君一家言也……（隆慶庚午六月）

【按】本志早佚，邑令廖憲、修纂人張淵序及俞琳跋文尚存（見錄於乾隆縣志卷十四，藝文志）。由廖序、俞跋，可知本志係明嘉靖丁酉（十六年）俞雍志稿之續修。嘉靖丁酉以前事，本之俞雍志稿，此後二十餘年事係增續，復於舊事有所釐正。俞琳跋文撰於隆慶庚午（四年）六月，本志殺青當在是時。又據張淵序稱，本志分表、志、傳及外志四部分。「為表以繫年者三；曰沿革，曰秩官，曰選舉；為志以紀事者五：曰疆域，曰食貨，曰建設，曰秩祀，曰兵防；為傳為錄行者二：曰良吏，曰人物；為外志以備遺者二：曰雜，曰藝文。」天啟府志例言曰：「隆慶間，張旌德淵有意信豐志，為追古昔，勒成一家之言，業已脫稿，顧以嫌忌，改削原草過半。書出，人有遺議，惜焉也。」

## 〔康熙〕信豐縣志[1] 十二卷

楊宗昌　張繼修　曹宣光纂楊宗昌，趙州人，進士，順治十五年任信豐知縣。　　張繼，字伯明，本邑舉人，康熙二年任信豐知縣。　　曹宣光，字俊甫，邑人，恩貢生。

清康熙五年（1666）刻本　厥

光緒《江西通志》藝文略：《信豐縣志》康熙五年知縣張繼修。

《中國地方志聯合目錄》：《信豐縣志》十二卷楊宗昌修，曹宣光纂。清康熙三年刻本。

張繼序信豐之志缺者蓋八十餘年矣。康熙癸卯夏，余承乏來治，征物諮事，鮮獲舊章……於是進諸紳士而謀之，僉云：耆舊弘才，多知故實，殆無以逾明經曹俊甫者，前楊侯嘗禮辟而授簡矣。予因親詣曹君以請……期年而書告成，簡不略隱，畢不摭靡，百年興廢燦然而具，可謂邑之良史矣……

【按】張序稱「前楊侯嘗禮辟而授簡矣」，此「楊侯」即前任知縣楊宗昌，所聘纂邑志之「明經曹浚甫」，即曹宣光。此係入清信豐縣志最早之修纂。後因楊氏離任而中輟。康熙癸卯（二年），張氏知信豐縣，仍聘曹宣光主纂事，期年告竣。本志體例略仿明隆慶廖志，正文分沿革、秩官、選舉、疆域四表，食貨、建置、秩祀、兵防四志，良吏、人物二傳及雜志、藝文志、下隸子目四十一，凡十二卷。

## 〔康熙〕信豐縣志[2] 十二卷

張執中修張執中，字澹仙，保安舉人，康熙三十八年任信豐知縣。

清康熙四十一年（1702）稿本　未見

光緒《江西通志》藝文略：《信豐縣志》康熙四十一年知縣張執中修。

【按】本志係知縣張執中修纂，稿成未刊。其後張瀚復修縣志，即本此稿。

## 〔康熙〕信豐縣志[3] 十二卷首一卷

張瀚修　黃彬等纂張瀚，字澣如，號北屏，大興人，康熙五十八年署信豐知縣。　黃彬，字經邦，本邑舉人。

清康熙五十八年（1719）刻本　存

《中國地方志聯合目錄》。

【按】康熙四十五年縣令張執中主修邑志，稿成未刊。十三年後，縣令張瀚即本張執中志稿增補核訂以成是志。卷首為序文、目錄、凡例、輿圖。正文分輿地、建置、賦役、祠祀、秩官、兵防、選舉、名宦、鄉賢、列女、雜記、藝文諸類。內容記至康熙五十七年止。本志於康熙五十八年始修，歷時半載告竣。有康熙五十八年刻本，存。

## 〔乾隆〕信豐縣志十六卷

游法珠修　楊廷為纂 遊法珠，字桂涯，廣東順德人，進士，乾隆十三年任信豐知縣。　　楊廷為，字鬥南，號槧台，本邑進士，曾任雲南順寧府知府。

清乾隆十六年（1751）刻本　存

清同治六年（1867）補版重印本　存

民國十年（1927）補刻本　存

光緒《江西通志》藝文略：《信豐縣志》乾隆十六年知縣游法珠修。

《中國地方志聯合目錄》。

遊法珠序 自今茲上溯康熙己亥修志之歲，為年僅三十三……余承乏下車，即索舊志以觀，惟近今未續，而未敢輕議修舉。適奉上憲下制，府檄文飭修志乘，以重掌故。乃鳩集諸紳士公為采輯……乃仍其故事，別為條目，名則由舊，而義則更新，分為十綱，則疆域、官師、食貨、典禮、兵防、學校、選舉、人物、藝文、外志是也。其餘細目均以類附。其舊本

參錯齟差者，悉釐定之。如是，庶與是邑這風雅相侔。（乾隆十六年）

　　【按】乾隆十六年，知縣遊法珠奉命纂輯邑志，其內容頗采康熙舊志，體例有所更新，所謂「仍其故事，別為條目，名則由舊，而義則更新，分為十綱」。所言「十綱」，遊序具述之，下置子目九十一。後志稱：「縣志自乾隆辛未前令遊法珠纂修，發凡起例，考核精詳，較之康熙己亥志，更覺典贍。」（道光四年縣志凡例）本志有乾隆十六年刻本，存。又有同治六年周之鏞補版重印本。周氏有跋稱：「視其板之已毀者補之，將毀者易之，合諸舊存，始成全璧。」又民國十年補刻本，亦存。

## 〔道光〕信豐縣志續編十六卷

　　許夒　袁曦業修　謝肇漣等纂許夒，字秋濤，江蘇昭文縣舉人，道光三年署信豐知縣。　袁曦業，字秀浦，山東長山縣監生，道光四年任信豐知縣。　謝肇漣，本邑貢生，候選教諭。

　　清道光四年（1825）刻本　存

　　清同治六年（1867）補版重印本　存

　　民國十年（1921）補刻本　存

　　光緒《江西通志》藝文略：《續修信豐縣志》道光四年署知縣許夒、知縣袁曦業先後修。

　　《中國地方志聯合目錄》。

　　袁曦業序信豐為贛郡上游大邑，其志已閱七十餘載未修。壬午春，奉檄采輯，前令遲未舉行。次年余來攝篆，知其事難再緩，復蒙中丞程恤周詳，以貧瘠之區，艱於集費，不及刊板，飭令將繕本呈送。由是余遂刻期公議，捐資開局，延邑紳謝君肇漣等共襄其事。諸君皆協力和衷，日

夕趕辦，余亦於聽訟之暇共相商榷，凡體例門類各仍舊貫，以續編附於後冊……工興於中秋，畢於冬抄……（道光四年嘉平三日）

【按】本志係道光三年奉檄纂編。雖有上憲新頒定程式，然以信邑地瘠民貧，艱於集費故其體例門目，一仍乾隆辛未遊志舊制，「而區分七十餘載所應添者各附於後」。凡舊志已錄者，概不覆載；於舊志之未載者，有所增補。所續起自乾隆十七年，止於道光四年。有道光四年刻本，同治六年，民國十年補刻本。原刻及補刻本俱存。

## 〔同治〕信豐縣志續編八卷

李大觀修　劉傑光等纂李大觀，山西汾陽人，進士，同治九年任信豐知縣。

同治九年（1870）刻本　存

民國十年（1921）補刻本　存

《中國地方志聯合目錄》。

李大觀序是歲暮春，大觀承乏斯邑。下車三月，簿書之暇，躬任厥職。而又恐父老流傳，言過其實，不足取信於後也，乃集劉君傑光、甘君樹棠、王君樹人，李君芳華公同採訪，而諸君子復能精益求精……其疆域、田賦、物產、土宜今昔同揆者，悉因舊志，有變通者則增修之。惟是貧瘠之區，艱於集費，未及付梓，先將續編附於冊後，繕寫呈送，俾省志中得所取裁焉……

【按】本志係同治九年奉檄纂修，以備省志採擇。此志乃因道光四年志續編，所續起自道光五年，終於同治九年。於舊志之未備者，亦間有增補。有同治九年刻本，民國十年補刻本，俱存。

## ▶ 興國

宋有縣志，見引於明成化志，其書撰人撰年俱無考。元修縣志則無從尋繹。明人所修，可考者有成化章廷圭志、袁天驥志兩種，前後相去十年。或以為章、袁兩志為一書，不確。正德有曾選志，嘉靖有盧寧志，隆慶有盧晉志，兩盧志亦僅隔廿載。萬曆有蔡鐘有志。清朝興國縣志凡五修；先有康熙二十二年黃惟桂修本；次康熙五十年有張尚瑗《瀲水志林》。此志體例不從舊式，頗有創革；乾隆十五年孔興浙等襲用《志林》體例而踵修之；又道光四年蔣敘倫等奉檄修志，體例遵憲頒程式而不用張氏《志林》體裁；同治十一年梅雨田等沿道光志體例續修一志。

宋太平興國七年（一作八年），析贛縣地置興國縣於瀲水鎮，縣以年號為名，初屬虔州，紹興二十三年後屬贛州。元屬贛州路。明、清屬贛州府。

## 〔宋〕興國縣志

佚名修纂

宋刻本　佚

《中國古方志考》：《興國縣志》宋，佚。按：康熙《瀲水志林》邑志原委：儒學教諭東莞袁天驥、國子學正邑人鐘觀輯《興國縣志》篇中九亭三館十八盧陂堰等名，皆云見宋志，則宋世固有志矣。

《江西古志考》卷九。

【按】袁天驥、鐘觀修纂之《興國縣志》，成書於明成化末年。袁志引有「宋志」若干事，知宋時興國已有志乘，且至明成化間猶有遺存。惜文獻不足，難以考詳。茲依《中國古方志考》著錄。

〔成化〕興國縣志[1]

章廷圭修　章廷圭，字文瑞，南直石埭人，貢生，成化八年任興國知縣。

明成化八年（1472）修本　佚

光緒《江西通志》藝文略：《興國縣志》成化八年知縣章廷圭修。

【按】清康熙間張尚瑗所撰《瀲水志林》敘邑志原委，謂本志輯於明成化中。其後九年，袁天驥又纂有《興國縣志》五卷，因疑章、袁兩志原係一書，未敢堅斷。道光四年縣志邑乘原委則曰：「章志、曾志、盧志三書名，見蔡志。贛郡謝志云：成化十七年教諭袁天驥修邑志。袁志即章志。」此本張氏說而推斷章志與袁志為一書。其所據為明萬曆四十八年蔡鐘有所修縣志凡例（即所謂「蔡志」）和明天啟元年謝詔所纂《贛州府志》。今按道光志之說可商，詳袁天驥《興國縣志》條考識。

〔成化〕興國縣志[2] 五卷

袁天驥修　鐘觀纂　袁天驥，廣東東莞人，舉人，成化十七年署興國教諭。　鐘觀，邑人，國子掌正。

明成化十七年（1481）刻本　佚

光緒《江西通志》藝文略：《興國縣志》五卷成化末知縣袁天驥修。

【按】據明天啟間謝詔所纂《贛州府志》載，成化十七年教諭袁天驥撰修邑志。清康熙間張尚瑗尚見及此志，有殘佚。張氏《瀲水志林》邑乘原委稱：得袁志下於堡三陽桀歐陽球家，缺

一、二、三卷，止存四、五兩卷。「卷首載有儒學教諭東筦袁天騏，國子學正邑人鍾觀輯，因名『袁志』，仿佛世次在成化末，正章廷圭蒞邑之時。所載之文如重修廟學、江東廟、適彩堂諸記，皆章侯之事，是書或即為章志未可知，而簡端遺佚，難為臆測，從其可徵者而已。」考章廷圭為興國知縣在成化八年，袁天騏署興國教諭在成化十七年，相去未遠。張氏疑章、袁兩志係一書，蓋因此也。然萬曆四十八年蔡鍾有縣志凡例既引稱「章志」，章志自當有書；而謝詔《府志》稱袁、鍾撰修邑志，張尚瑗亦見題有袁、鍾所輯字樣之殘本，則袁志亦有刊本傳世。或章氏所修已有成書在先，袁氏又從後輯補修訂，未可遽斷「袁志即章志」也。今仍援列分別著錄，略附考識於此。又光緒《通志》所錄本志「成化末知縣袁天麟修」，而謝詔《府志》稱「教諭袁天騏」，張氏《志林》亦如是，考諸舊志職官，興國知縣無袁天麟，教諭則有袁天騏，明成化十七年署任。光緒《通志》所載有誤。

## 〔正德〕興國縣志

　　曾選修　劉勤纂<small>曾選，字時舉，直隸懷寧人，弘治十八年任興國知縣。　劉勤，字勉之，吉水人。</small>

　　明正德二年（1507）刻本　佚

　　光緒《江西通志》藝文略：《興國縣志》<small>正德二年知縣曾選修。</small>

　　【按】本志即萬曆蔡鍾有志凡例所謂「曾志」。據清蔣敘倫所修道光四年縣志卷四十五，藝文，書目附邑乘原委：「北隅王氏族譜有吉水劉勉序云：正德丁卯，興國大尹曾公選禮予纂修邑

志。」是曾志修於正德二年，《志林》以為弘治中輯，孔志（引者按：指乾隆十五年孔興浙所修邑志）改作弘治八年輯，皆誤也。考曾選於弘治十八年任興國縣令，正德二年調任，劉勤序王氏族譜稱本志修於正德二年，當屬可信。

## 〔嘉靖〕興國縣志十三卷

盧寧修　曾乾纂盧寧，字忠獻，號冠巖，廣東海南人，進士，嘉靖二十六年任興國知縣。　曾乾，字友于，泰和人。

明嘉靖二十七年（1549）修本　佚

光緒《江西通志》藝文略：《興國縣志》十三卷嘉靖二十七年知縣盧宣修。

鄒守益序興國尹盧子寧以公事至安成，相與切磋學道……逾年，盧子新修其邑志，遣羅生諠、鍾生宣性微言於首簡。發而讀之，則識沿革，迹利瘼，提綱挈目，蓋八萬餘言。首地理，次創設、次食貨、次典禮、次學校、次軍政、次官師、次選舉，次人物，次列女，次藝文，次外紀，次寺觀，凡十有三卷，泰和曾友于乾所纂輯，而盧子躬訂讎之，稽舊訂愆，哀然可徵矣……

【按】本志係嘉靖間縣令盧寧主修，光緒《江西通志》有著錄。其書已佚，有鄒守益序，見存後志。據鄒序，全書十三卷，八萬餘言，分十四門：地理、創設、食貨、典禮、學校、軍政、官師、選舉、人物、列女、藝文、外紀、寺觀。鄒氏言此甚詳。本志既已纂成，當毋庸置疑，是否付梓宣行，則不詳。又，本志主修人知縣盧寧，光緒《通志》錄作「盧宣」，不確。本志成書二十餘年後，復有知縣名盧晉者亦修邑志，說詳「隆慶《興國縣

志》」考識。

## 〔隆慶〕興國縣志

盧晉修盧晉，鳳陽穎川人，舉人，隆慶二年任興國知縣。

明隆慶二年（1568）修本　佚

【按】明天啟謝詔所纂《贛州府志》卷三十二，秩官表載隆慶間興國知縣盧晉修邑志，又卷三十五，名宦《王朝綱傳》引稱「隆慶庚午志」。據此，明隆慶二年庚午邑令盧晉所修縣志已成書。此前二十四年，即嘉靖二十六年，邑令盧寧已修縣志，前後兩盧志相去未遠。萬曆蔡鍾有縣志凡例所稱「盧志」，係前盧志，不及後盧；謝詔《府志》只載後盧志，不及前盧。道光四年縣志邑乘原委云：「然則邑有兩盧志，蔡侯僅見其一歟。抑寧於嘉靖丁未下車，晉於隆慶庚午修志，距丁未才二十四年，前盧侯纂輯之，後盧侯乃增訂付梓歟？其書不存，難以臆測，今止存嘉靖中盧志之名，隆慶間盧志不敢列目。」此說似疑兩盧書為一志。今按：前後兩盧志，各自成書，當無疑義。後盧蓋原本前盧而有增續，如同成化袁天騏志之本章廷圭志，此昔時方志修纂慣例。萬曆蔡志凡例於兩盧志，舉前略後，亦如其於成化兩志僅舉章而略袁；謝詔《府志》則只引後盧，略前詳後，亦如其於章、袁兩志僅稱後出之袁書，不及章書。不必懷疑蔡、謝兩氏僅各見其一也。今援例將兩盧志分別著錄。

## 〔萬曆〕興國縣志七卷

蔡鍾有修　黃瀨等纂蔡鍾有，字恒卿，福建同安舉人，萬曆四十

四年任興國知縣。　　黃灝，筠陽舉人，萬曆四十八年署興國教諭。

明萬曆四十八年（1620）刻本　佚

光緒《江西通志》藝文略：《興國縣志》七卷萬曆四十八年知縣蔡鐘有修。

梅國樓序粵考興國，其名始宋太平興國年號，故名興國。其志漫漶無存，或說焉而不精，或語焉而不詳，不無魯魚亥豕之訛，不無風葉塵埃之誚，遂致輿地賦役、風俗、人物諸數俱無所考。溫陵蔡令與邑士人有感而思，有思而志修志，以資考鏡……夙夜匪懈，三載竣業，有志者事竟成焉……（萬曆四十八年）

【按】道光四年縣志邑乘原委於本志有說，曰：「萬曆四十八年署教諭舉人筠陽黃灝、舉人寧都蘇應壁同輯，邑人宣平知縣王洞重校，廩生李愈萃、方大成、李田、王瑞、蕭堦編次，諭德豐城邱士毅、嶺北道麻城梅國樓序。分典地、規制、賦役、學校、典禮、保恤、防圖、物產、祥異、覽勝、官師、人物、徵文凡十三類，志七卷。」清康熙二十二年縣志黃惟桂序稱：「考興邑舊志，輯於萬曆四十八年，邑令蔡君著有成書，不期數十年來迭遭兵火，版籍盡付祝融而志亡矣。」依黃氏說，蔡志版刻毀於清初，志書亦亡。然道光四年縣志邑乘原委則謂「蔡志版刻毀於康熙戊子，張損持太史得殘本於邑明經劉元燦，闕規制、徵文二類。至乾隆庚午重修縣志，邑明經鐘秀源所藏本乃獨完善。今得文溪謝氏鈔本，闕物產、祥異、覽勝、徵文四類。」據此，蔡志至乾隆時民間猶存完本，道光時尚有鈔本殘遺。是以知黃惟桂所言不實。且康熙二十二年黃氏主修縣志，廩生劉元燦與其役，後張尚瑗由劉氏處得蔡志。黃惟桂所修縣志，體例仍沿蔡志之舊，

知黃氏當時必定見過蔡志而欲掩之。至藍拔奇序同治縣志時，則稱蔡志「斷簡莫留」。

## 〔康熙〕興國縣志十二卷

黃惟桂修　王鼎相等纂王惟桂，字木庵，直隸真定人，康熙十六年任興國知縣。　　王鼎相，字梅岩，邑人，貢生。

清康熙二十二年（1683）刻本　存

光緒《江西通志》藝文略：《興國縣志》康熙二十二年知縣黃惟桂修。

《中國地方志聯合目錄》。

黃惟桂序粵考興邑舊志，輯於萬曆四十八年邑令蔡君，著有成書，不期數十年來迭遭兵火，版籍盡付祝融，而志亡矣。桂於丁巳履任，與邑之縉紳士子購求遺書，商略纂輯……皇上功成治定，偃武修文，命儒臣纂修會典，徵取天下郡縣志。桂不敏，恪遵功令，採集遺編，聘請郡國名賢，得王子鼎相、劉子天貢以及邑庠諸秀士適館授餐，篝火聯床，相與取斷簡而參訂之，舊者考之於古，新者證之於今，字字核實，無毀無譽，期可法而可傳……（康熙二十二年）

【按】據本志參纂者劉天貢序，邑令黃惟桂「以舊志修於明萬曆庚申，時遠年湮，所見異辭，所聞異辭，所傳聞異辭，懼其魚豕之誤，更屬天貢以筆槧之役……與同社王梅岩焚膏繼晷，共相參考，增入近事，卷既就，侯復從而討論之，閱三月而稿成。校之同寅，持之邑紳士，然後命編次授梓，卷凡十二」。本志係今知清人最早修纂之興國縣志。道光四年縣志邑乘原委云，本志「大略仍蔡志舊本，刪學校、保恤、物產、祥異、覽勝，加祠

祀、名宦、選舉、紀事為十二志，凡十二卷」。

## 〔康熙〕瀲水志林二十六卷

張尚瑗修張尚瑗，字弘蘧，號損持，吳江進士，康熙四十三年任興國知縣，主纂《贛州府志》。

清康熙五十年（1711）刻本　存

清同治間活字本　存

民國三十七年（1948）鉛印本　存

光緒《江西通志》藝文略：《瀲水志林》二十六卷康熙五十年知縣張尚瑗修。

《中國地方志聯合目錄》。

湯永誠序興國前有蔡、袁二志，後有黃志，其二志僅存者已多殘缺，黃侯時逢兵燹，搜裒之事日不暇給。今又三十載矣，此太史之所以罷勉而從事也。片詞隻字，皆出自手裁。分為五目：曰志地、志人，志政，志事，志言。凡城池、山川、疆域、古跡、祠廟、土產之類，歸之志地；官師、選舉、人物，歸之志人；賦役、鹽屯、興利除害、折獄祥刑暨夫軍制，歸之志政；軼事嘉言、妖禪靈蠢，歸之志事；古今傳記、書序、登臨歌詠詩文之屬，歸之志方；而統顏曰《瀲水志林》，仿佛楊南峰之《吳郡識略》與曹石倉之《古今通釋》，而變化之不襲舊名也……是編也，善俗宜民之術，表微闡幽之功，經經緯史，揚風權雅之學，胥於是乎在。讀者知其書之謹嚴典核，而孰知其成之之難也。

【按】本志係興國縣令張尚瑗修纂，「片詞隻字，皆出自（張氏）手裁」（湯永誠序）。尚瑗修此邑乘，體例未沿舊制，全書「分為五目，曰志地、志人、志政、志事、志言」。張志此體

例，實仿李世熊《寧化縣志》。李志「以土地、人民、政事為三，張又析政事為二，增志言為五」。尚瑗此志，頗得時譽，乾隆縣志謝天翼跋稱：「其詞贍，其取精，其辨誣訂偽，搜遐發幽，亦詳且悉。」道光四年縣志凡例亦稱《志林》「去取謹嚴，選言雅飭」，「海內好古之家多有其書」。後之志乘，多仿其體。乾隆五十二年贛州知府黃汝銓舉修郡志，即委尚瑗主其役，亦用《志林》體例。然張氏此志義例，後人亦間有異議。肖朗峰序道光《興國縣志》曰：張書「義例不盡衷於古人，大都借興國山川道裡風土人物以自寫其遷謫無聊之感，而文筆之瑰偉實足以役使群籍而操縱自如……後之輯志者未嘗就先生之文深求其所以必破除常格然後得以發抒己意之故，而第踵其義例，是《志林》有續本而縣志幾無完書矣」。肖氏此說亦不無見地。

## 〔乾隆〕興國縣志二十六卷首一卷

孔興浙　郭蔚修　孔衍倬等纂孔興浙，字晴江，錢塘人，副貢，乾隆十五年署興國知縣。　　郭蔚，建水人，乾隆十六年任興國知縣。　　孔衍倬，錢塘人。

清乾隆十六年（1751）刻本　存

光緒《江西通志》藝文略：《興國縣志》二十六卷乾隆十五年知縣孔興浙修。

《中國地方志聯合目錄》：《興國縣志》二十六卷首一卷（清）孔興浙修，孔衍倬纂。乾隆十五年刻本。

郭蔚序余以今春奉簡命尹興，下車即索邑志觀之。興之紳士進余曰：敬奉制憲文命，檄修各府縣志……重修之役，孔侯匯思，脫稿方成，

授梓未竣，惟侯有嘉賴焉。既而前令孔公出稿相質，披覽其全法，一矩於先民，於古則以三志為據，於今則新政特書，芟繁就簡，訂訛存真，一秉直道之公……孔公以移治靖安，囑卒業於余。余曰：是誠新尹之責也。因與志館諸名宿再加較閱，曉夜督梓，文成數十萬言，六閱月而竣……（乾隆十六年）

【按】本志之修，經前後兩任邑令之手。前任孔興浙，乾隆十五年春署興國知縣，值制府檄修郡邑志。是年九月秋，興浙開局修縣志，延孔衍倬、謝天翼諸君任輯纂事。次年春，孔興浙移治靖安，縣志「脫稿方成，授梓未竣」。郭蔚繼任縣令，「因與志館諸名宿再加較閱，曉夜督梓，文成數十萬言，六閱月而竣」。其事郭蔚自序及謝天翼、鍾秀源等跋文中言之甚明。又，郭序及謝、鍾跋文俱撰於乾隆十六年，此係本志告竣之時。本志沿襲《瀲水志林》體例，而記事多據萬曆蔡志等舊乘，謝天翼跋曰：是志「仍仿《志林》體，考其詳略，訂其得失，事增於前，文省於後，（孔令）親為校定，使鶱然卓越前修，公之用心，更較張侯（尚瑗）而加密矣」。然後人對此志有所不滿，道光四年縣志凡例曰：「孔志襲用《志林》體例，而事與文多以蔡志為據，使廓清之後間復龐雜。」

## 〔道光〕興國縣志四十六卷首一卷

蔣敘倫　陸以濟修　蕭朗峰等纂　蔣敘倫，字錫九，號蕉軒，直隸玉田人，進士，道光三年三月署興國知縣。　　陸以濟，字金粟，號恬齋，浙江桐鄉人，監生，道光三年九月任興國知縣。　　蕭朗峰，號炯齋，本邑進士，翰林院庶起士。

清道光四年（1824）刻本　存

光緒《江西通志》藝文略：《興國縣志》四十六卷道光三年知
縣蔣敘倫修。

《中國地方志聯合目錄》。

肖朗峰序歲癸未，前邑侯夏公、署邑侯蔣公相繼奉上憲檄修志乘，
而吾邑好義之士遂慨然捐資，因以編纂之責屬諸朗峰，既固辭不獲，爰指
舊志中不應沿襲《志林》體例之凡若干條，商之同事。皆以為然。然猶不
敢以臆見遽議更張，則又謹遵省垣所頒採訪章程之三十二門，按其次序，
立為凡例，並以質之蔣侯。侯又以為然。於是分纂諸君乃得有所據依，各
出所長以從事，早夜編摩，逾年而稿始定。雖文筆未能及《漱水志林》之
十一，而參互考訂，兼取裁於前之蔡志、黃志；後之孔志，不專恃《志
林》為藍本……蔣侯既釐正於前，今邑侯陸公復加鑒閱，然後以次授
梓……（道光四年）

【按】本志修纂始於道光三年，知縣夏氏奉檄修邑志，既已
設局並聘蕭朗峰總其成。夏氏旋即調職，繼任者署知縣蔣敘倫接
修之，「閱數月而稿本略具」，蔣氏又調任。陸以濟接任興國知
縣，乃對志稿「復加鑒閱，然後以次授梓」。本志修纂經過，見
蔣、蕭、陸諸氏序跋所述。本志主纂者蕭朗峰以為，張尚瑗《漱
水志林》雖文筆瑰偉，然其意在籍興國山川風物寫其遷謫之感，
究非邑乘正體。本志不用張志體例，而「謹遵省垣所頒採訪章
程」。全書四十六卷首一卷，卷首序、凡例、圖，卷一星野，卷
二沿革，卷三形勢，卷四城池，卷五山川，卷六水利，卷七學
校，卷八公署，卷九書院，卷十田賦，卷十一風俗，卷十二土
產，卷十三兵衛，卷十四武事，卷十五津梁，卷十六驛鹽，卷十

七古跡，卷十八封爵，卷十九秩官，卷二十、二十一選舉，卷二十二名宦，卷二十三至二十五人物，卷二十六寓賢，卷二十七、二十八列女，卷二十九仙釋，卷三十方伎，卷三十一祥異，卷三十二祠廟，卷三十三塋墓，卷三十四寺觀，卷三十五至四十五藝文，卷四十六雜記、跋。本志記事「兼取裁於前之蔡志、黃志，後之孔志，固不專恃《志林》為藍本，即其他載籍之有關興邑者，亦罔不旁稽而博徵之」（蕭朗峰序）。

## 〔同治〕興國縣志四十六卷首一卷

梅雨田　崔國榜修　金益謙　藍拔奇纂梅雨田，黃梅人，進士，同治七年署興國知縣。　崔國榜，號第春，皖南人，進士，同治九年署興國知縣。　金益謙，字懷谷，高安人，進士。　藍拔奇，字縵卿，邑人，翰林院編修。

清同治十一年（1872）刻本　存

《中國地方志聯合目錄》。

崔國榜序庚午之春，余攝篆是邦，適值上憲檄修通志，飭各屬匯送志稿，以備採擇外，並修縣志，毋許延玩。於時前署任梅奉檄後，雖已開局，而事屬草創，尚未就緒。故下車伊始，於吏事稍為清釐，即以邑乘之修為急務……為編輯稿本，呈送省局。業經批回，獎以好語。既而再請邑中好義之士，共捐千餘緡。然後諏吉設局，關聘觀察鍾子賓先生……等昕夕讎校，博稽細論，纂言記事，俱極周詳，而余亦時往局中，面為參定，稿成並加校閱，乃付剞劂……（同治十年）

【按】本志修纂始倡於梅雨田。同治八年，梅氏署興國縣事，奉檄「取邑舊志為修通志，越歲即檄各續舊志具稿以進，並

飭以所具之稿續舊志而新之」，遂開局纂輯。梅氏稱「每稿具輒就予質，而予亦間涉筆言其所知」（梅序）。志稿未竣，梅氏調任。同治九年春，崔國榜接任興國知縣，續成本志並付刊行。本志沿襲道光四年縣志體例而續其後之事。參纂者鍾音鴻跋云：「志中故於武事及忠孝節義敘次較詳，餘多仍舊，新增者十僅四五。」本志有同治十一年刊本，存。

## ▶ 會昌

　　會昌置縣於北宋初，明永樂以前舊乘，大都湮沒無傳，僅於《永樂大典》輯得《會昌志》《會昌州志》兩種，前者未知修於何朝，後者又不明纂成何年。明萬曆縣志喻書莊序稱成化間邑令梁潛等「討舊乘而纂輯之」，此「舊乘」係前明舊物抑明初修本，無從考知。明修會昌邑志，今可考者為成化、隆慶、萬曆修本。成化志早出，隆慶、萬曆志俱本之遞相增續。入清以來，邑志凡五修，康熙十四年王凝命修本成書最早。此後，乾隆十六年、道光二年、道光六年、同治十一年各有修纂。其中道光二年陳逢年所修，乃未刊稿本。道光六年蔣啟　所修，係據陳氏志稿改訂增刪而成。同治十一年志，又本道光蔣志從後增輯。明修三志，俱佚。清修諸本，除道光二年陳志稿本無傳外，其他四種今存。

　　會昌置縣在宋太平興國年間，舊志云：「鑿井得瓴甋十二，上有篆文為『會昌』，因以名具」，初屬虔州，後屬贛州。元大德元年升會昌州。明復為縣，屬贛州府。清仍之。

## 會昌志

佚名修纂

修纂年不詳　佚

《永樂大典》卷七五一四，十八陽，倉平糶倉，引《會昌志》一條。

《江西古志考》卷九：《會昌志》佚卷數、撰人。未見著錄。

【按】《大典》輯本志佚文曰「寶慶丙戌權宰鄧剛」。寶慶乃宋理宗年號，鄧剛於寶慶丙戌（二年）任會昌縣令（見同治縣志卷十九，秩官）。據此，本志修於南宋寶慶之後，明永樂以前。因文獻不足徵，無以推斷其成書年代，姑仍《江西古志考》著錄繫於此。

## 〔元〕會昌州志

佚名修纂

元修本　佚

《永樂大典》卷九七六六，二十二覃，岩西岩，引《會昌州志》一條。

《中國古方志考》會昌州志元，佚

《江西古志考》卷九：《會昌州志》元，佚卷數、撰人。未見著錄。按：是志名「會昌州志」，會昌州，乃元朝建置，知為元人所撰，然佚文曰「贛州府會昌縣」，殊為乖謬，此六字當《大典》抄者依時制妄增。

## 〔成化〕會昌縣志

梁潛修　袁孔萬　周恕纂梁潛，字孔昭，番禺人，由鄉舉授會昌

知縣。　　袁孔萬，東莞人，教諭。　　周恕，閩縣人，縣教諭。

明成化十六年（1480）修本　佚

光緒《江西通志》藝文略：《會昌縣志》成化中知縣梁潛修。

【按】據明萬曆十四年縣志喻書莊序：「會，虔屬也，山川風物、建制秩官與諸邑等，而志獨缺焉。以故官茲土者，即有興革，無以考據。成化間，邑父母番禺梁公、學博東莞袁公、三山周公討舊乘而纂輯之，大率人文制度，多所未備，猶之繪者，僅施粉地，藻采尚未加也。」知明成化間會昌縣令梁潛曾修邑志。梁氏任邑令年月不明。本志修纂。清乾隆十五年縣志凡例曰：「會志，一修於成化十六年。」其據不詳。然本志纂者周恕（即喻序所謂「三山周公」），同治縣志卷十九，秩官，載其任教諭在「成化二十三年」，而另一纂者「東莞袁公（孔萬）」，同治志未載明任教諭之年代，卻列置嘉靖以後，知同治志秩官所載，亦未可援為確據。今姑從乾隆縣志錄作「成化十六年」修，並存疑俟考。


## 〔隆慶〕會昌縣志

陳宗虞修　夏汝恩　喻書莊纂陳宗虞，莆田舉人，隆慶三年任會昌知縣。　　夏汝恩，丹徒人，隆慶三年任會昌教諭。　　喻書莊，邑人，生員。

明隆慶三年（1596）修本　佚

光緒《江西通志》藝文略：《會昌縣志》隆慶中知縣陳宗虞修。

【按】明萬曆十四年縣志喻書莊序云：「迨隆慶某年，虔台李公重修贛州郡志，取屬邑附焉。時邑父母歷野陳公、學博北冷

夏公命莊摭拾舊聞，搜補殘缺，以應其求，雖所修視昔有加，譬之贛猶身也，會特身之一體，其志亦略焉而不詳。」知本志乃應贛州府重修郡志之命而修，事在隆慶三年。大抵本成化梁志舊編，摭拾舊聞，搜補殘缺，葺輯成書。喻序謂本志所修視昔雖有加，然亦略焉而不詳。

〔萬曆〕會昌縣志

崔允升修　喻書莊纂崔允升，字吉山，海門舉人，萬曆十三年任會昌知縣。

明萬曆十四年（1587）刻本　佚

光緒《江西通志》藝文略：《會昌縣志》萬曆十四年知縣崔允升修。

喻書莊序維揚吉山崔侯來令會昌，視事三年……爰諮之劍西陳師、楚東袁師，而以考輯校訂之責屬之莊等。莊不敏，敢不勉承父師嚴命，唯勤且謹，因遍訪邑之故老，以博求故家譜乘、先輩遺文，質之縉紳，參之輿論，兢兢焉尊其知，闕其所不知，述其所可據，不強掇以所難稽，歷三月而成編，以就正陳、袁二夫子，精加芟削，呈於侯總裁而付之梓……（萬曆十四年季冬）

【按】據喻書莊序，本志修成萬曆十四年丙戌末，距隆慶陳志僅十七年。喻氏曾參與前後兩次邑志修纂。於隆慶志之修，喻氏承擔「摭拾舊聞，搜補殘缺」之事，而本志則任「考輯校訂」之責。由是可知，本志實是在隆慶陳志之基礎上增續補訂而成。則明之成化、隆慶、萬曆三志係遞相補續。又據喻氏稱，本志所補輯資料，多訪求「邑之故老，以博求故家譜乘、先輩遺文」，

且「尊其所知，闕其所不知，述其可據，不強掇以所難稽」。則資料較前志應加詳實可靠。因本志及隆慶、成化志久佚不傳，今無從比較。

## 〔康熙〕會昌縣志十四卷

王凝命修　董喆等纂王凝命，字定一，直隸衡水人，進士，康熙七年任會昌知縣。　　董喆，字二吉，玉山人，康熙二年任會昌訓導。

清康熙十四年（1675）刻本　存

光緒《江西通志》藝文略：《會昌縣志》十四卷康熙十四年知縣王凝命、訓導董喆修。

《中國地方志聯合目錄》。

董喆序適余濫會訓，於癸丑春赴微職。至謁公，公延見輒大喜，握手談歡猶舊知，即以會志屬之餘……兼徵邑貫古博今多聞強識之士，同余朝夕商略而訂定之，分編目為十四……條疏縷析，句櫛字比，凡四閱月乃告成事焉……（康熙十二年）

【按】本志為康熙十二年會昌知縣王凝命奉諭修纂，縣訓導董喆主筆。王氏自序此修云：「比者詔徵天下郡邑圖籍，輯成一統全書……檄下，則修志之舉益不容緩，予因諏吉起局，延學博二吉董君以肩其責，邑名宿李子直士，沈子扶九，董子來巢、劉了節芳、李子秀木，鬍子幼寧以襄厥任。爰恣披閱，廣為搜羅往牒遺編，互訂參考，四閱月乃竣厥役，庶幾洋洋稱大觀矣。」又王序作於康熙十二年癸丑孟冬，是志稿纂成之時，「值寇江未就梓也」。康熙十四年春，賈還樸出宰會昌，董氏出其所纂會志示賈。賈令以為是志「事詳而核，文簡以旨，博綜一邑之始終，文

獻理道具是矣」，遂予刊刻。此事賈還樸有序言之。賈序作於康熙十四年，此本志刊行之時。又據董氏序，本志「分編目為十四，先之以輿地，繼之以山川，以營建；次則兵防，次則祀典，又次則賦役之與物產；若秩官而官師，有傳；若選舉而人物，若方外，若軼事，俱層累必及之；而特籍藝文終」。

## 〔乾隆〕會昌縣志稿三十四卷首一卷

戴體仁修　吳湘臯　鍾儼祖纂戴體仁，貴州貴築舉人，乾隆十四年任會昌知縣。　　吳湘臯，字芷汀，本邑進士，歷署武進、宜典、江寧，補授溧水知縣。　　鍾儼祖，字子望，本邑進士，曾任江蘇高淳知縣。

清乾隆十六年（1751）刻本　存

光緒《江西通志》藝文略：《會昌縣志》三十四卷隆十六年邑人吳湘臯修。

《中國地方志聯合目錄》。

戴體仁序會邑志輕率蕪雜，文不雅馴，邑人士屢議修未果，聞大司馬飭修檄下……余不自揆，擬凡例九則，以啟其端。諸子勞其心目之力，旁搜遠討，網羅放失……補前志之缺而訂其舛誤，每一卷稿成，彼此校讎，不肯稍稍放釋，而余從其後而斟酌之，乃籍手以竣厥事……（乾隆十六年）

【按】本志係會昌知縣戴體仁奉「大司馬飭檄」修葺。戴氏自擬凡例九則，以啟其端。編纂則由原溧水知縣邑人吳湘臯主事，分修分輯由進士鍾儼祖、拔貢劉世基諸人承擔。戴氏有序稱：「諸子勞其心目之力，旁搜遠討，網羅放失，或得之殘篇斷

簡中，或徵之村氓野老之說，合則筆之，否則削之，補前志之缺
而訂其舛誤，每一卷稿成，彼此校讎，不肯稍稍放釋，而余又從
其後斟酌之，乃籍手以竣厥事。」知本志乃據康熙縣志增訂續
輯，其中藝文一部所增篇幅尤富。戴序又稱：本志之修，「庶幾
按因革，察形勝，別風俗，驗土物，觀人文，考政事，得有助於
萬一耳，故不敢直曰志，而曰志稿，依然未定之書也」。戴序作
於乾隆十六年辛未秋七月，此本志殺青授梓之時也。蔣啟敭評本
志「其書文詞詳贍，不免病於蕪雜」（道光六年縣志序）。

## 〔道光〕會昌縣志[1]

陳逢年修陳逢年，廣西宣化人，進士，道光二年任會昌知縣。

清道光二年（1822）稿本　未見

【按】本志見道光六年縣志蔣啟敭序言及，蔣序曰：「乙酉
季春之朔，余奉檄來視邑事。甫下車，求所以酌因革、察利弊、
考之古昔而不謬、措之遠邇咸宜者，亟命吏人取邑乘以進，則乾
隆十五年舊志也。其書文詞詳贍，不免病於蕪雜，思有以修輯之
而力不遑及。逾月，諸紳士來謁，並呈所修新志稿本，且曰：邑
人為此年餘矣，蓋謀未同，是用不底於成，請所以折衷之者。余
閱之，芟夷舊文，頗覺簡當，而其中分門別類，則全襲舊志，於
體例多所遺漏，且與憲頒呈式迥殊。」此所謂「新修志稿」，即
前令陳逢年道光二年所修。黃驤序同治縣志稱「謹查會邑新乘，
修於道光二年」云云，亦其證也。（按黃序所謂「道光二年」
本，實將是志與道光六年蔣志混為一談。參見「同治十一年縣
志」考說。）又，本志體例沿襲乾隆舊本，於舊志多有刪省。道

光六年蔣啟敭重修本則體裁又有異於陳志稿，今分別著錄。

## 〔道光〕會昌縣志[2] 三十二卷

蔣啟敭修蔣啟敭，湖南新亭人，進士，道光五年署會昌知縣。

清道光六年（1826）刻本　存（缺卷十七）

光緒《江西通志》藝文略：《會昌縣志》道光六年知縣蔣啟修。

《中國地方志聯合目錄》。

蔣啟敭序乙酉季春之朔，予捧檄來視邑事……亟命吏人取邑乘以進，則乾隆十五年舊志也。其書文詞詳贍，不免病於蕪雜，思有以修輯之而力不遑及。逾月，諸紳士來謁，並呈所修新志稿本，且曰：「邑人為此年餘矣，蓋謀未同，是用不底於成，請所以折衷之者。」予閱之，芟夷舊文頗覺簡當，而其中分門別類，則全襲舊志，於體例多所遺漏，且與憲頒呈式迥殊……邑人士咸以其責歸於予。予鞅掌無暇晷，則不能文，顧責弗可辭。乃為之發凡舉例，授以大略。每當舟車餘閒，案塵稍息，輒載筆從事，汰其繁冗，補其闕略，體裁舛訛者更正之，門類混淆者編定之。且喜諸君子皆矢公矢慎，相與參考古今，校讎同異，勒成一書。且數月而全書犂然……（道光六年）

【按】道光五年，蔣啟敭權知會昌縣事，以前令陳逢年所輯新志稿本體例異於憲頒程式，且多所遺漏，遂加重修。蔣氏「為之發凡舉例，授以大略，每當舟車餘閒，案塵稍息，輒載筆從事，汰其繁冗，補其闕略，體裁舛訛者更正之，門類混淆者編定之。且喜諸君子皆矢公矢慎，相與參考古今，校讎同異，勒成一書，質而不俚，簡而不遺，詳而不汙」。蔣氏自序如是。知本志

係以陳修本為基礎，體裁有所更易釐訂，記載有所刪汰補益。於忠孝貞節、名儒名宦所錄較詳，如「農田水利、學校人文，凡有關世道人心之事，靡不纖悉具備」。蔣序作於道光六年，此本志付刊之時。

## 〔同治〕會昌縣志三十二卷首一卷

劉長景修　陳良棟　王驥纂劉長景，湖南新寧人，同治八年署會昌知縣。　　陳良棟，蓮花人，會昌教諭。　　王驥，廬陵舉人，縣教諭。

清同治十一年（1872）刻本　存

《中國地方聯合目錄》。

王驥跋同治八年，大中丞劉奏請續修江西通志，並將新定條例刊發各府州廳縣一律續修，九年夏，邑侯劉明府傳集邑紳，設局採訪，詳定起局事宜，延余監修……謹查會邑志乘，修於道光二年，其中條例次序，大致與新章同。惟聖諭一條，漏未序刊。今謹遵新章，恭編卷首。至御制詩文及金石文字等項，現為邑中缺典，容俟續增。於是公同妥議，即照前志愛條接敘，不特舊版俱存，可省工資，而編次亦易於成功矣。是役也，經始於九年五月，越明年冬告成……

【按】同治八年，江西巡撫劉坤一奏請續修江西通志，檄所部郡縣續輯新志，並頒新定條例，飭令照章行事。九年，署會昌縣事劉長景「設局延紳，將事搜羅往牒，採訪事蹟，閱一年而成」。本志卷帙篇目，一仍道光六年蔣啟敫修本，逐條接續後事，僅增編首一卷。且為省刊刻工資，雕板亦用蔣志之舊。又王跋所謂「條例次序大致與新章同」之「前志」，應當是道光六年蔣啟敫重修本，非修於道光二年之陳志。陳志係未刊之稿本，且

與其時「憲頒呈式迥異」。蓋王跋將陳、蔣兩志視為一書耳。本志有同治十一年刻本，存。又一九八五年會昌縣志辦有校訂重印本，存。


## ▶ 安遠

安遠邑乘，明之前所修本散亡無可考稽。明志之可知者，有弘治甘文紹、嘉靖李多祚、隆慶周昶、萬曆六年潘應詔、萬曆四十三年林有科諸本。清人唐成名曰：至隆慶周昶本，所志「地未補割，是統長（寧）、定（南）之志，非志安遠者也。惟萬曆乙卯志刪去割保之名而進新補之地於圖，似為定編」（康熙縣志唐序）。《中國地方志聯合目錄》錄有清丁佩纂「《安遠縣志》十卷」，係「清順治九年（1652）刻本」，謂存「贛州」。此志今未獲見，後之志家亦無有言及順治間有丁佩者修縣志。然同治間有教諭丁佩曾主纂縣志十卷，稿成於同治九年，頗疑《聯合目錄》誤將同治志錄為順治志。康熙初年，知縣陸篪亦編輯邑志，未果。康熙二十二年知縣丁作霖、乾隆間縣令董正、道光三年知縣黃文燮、同治十一年知縣黃瑞圖均有纂輯成書。又民國三十七年縣令黃植蔭等主修志稿一編。明修縣志俱佚，清修五種均存。民國縣志稿今存殘帙。

南朝梁大同中，於雩都縣安遠水南置安遠縣，屬南康郡。隋開皇中廢。唐貞元四年析於都三鄉並信豐一里再置安遠縣，屬虔州。宋紹興以後屬贛州。元至元二十四年省入會昌；至大三年復置，屬寧都州。明屬贛州府。清仍明。

## 〔弘治〕安遠縣志

甘文紹修<sub>甘文紹，廣西桂平舉人，弘治二年任安遠知縣。</sub>

明弘治六年（1493）修本　佚

【按】本志未見著錄。據明萬曆乙卯縣志林有科序：「成、弘以前，邑志散佚靡所考，即嘉、隆以來，兵燹洊如，加邑日奔役於搶攘之不暇，而奚遑禮教。」又「矧志係朝家巨典，而自甘、李、周、潘諸公刪次之後，鮮有舉者」。康熙癸亥志唐成名序亦云：「第明初以上，無志可考，弘治癸丑始一纂集，然古本弗存。」知明弘治六年癸丑知縣甘文紹曾修輯邑志。此係見載於文獻之安遠縣最早志書。前此所修已不可考。本志已佚。何時亡佚難知其詳。唐成名謂「古本弗存」。則康熙修志時已未見及本志。

## 〔嘉靖〕安遠縣志

李多祚修<sub>李多祚，字可久，號梅溪，湖廣石首舉人，嘉靖四十一年任安遠知縣，四十四年題加本府同知銜，仍管縣事。</sub>

明嘉靖四十四年（1565）修本　佚

【按】據明萬曆縣志林有科序曰：「自甘、李、周、潘諸公刪次之後，鮮有舉者」，此言「李公」，即李多祚，明嘉靖四十一年任安遠知縣。清修縣志亦記載李多祚「修縣志」（見乾隆縣志卷四，職官）。又康熙癸亥縣志唐成名序稱：「其校於嘉、隆之間者，又蝕殘而不可讀，且地未割補，是統長、定之志，非志安遠者也。」此所謂「校於嘉（靖）」者，即本志。則至清康熙間尚有殘編存世，此後未聞有見及是書者，亦未見書志家著錄。

其卷帙、內容均已不詳矣。

## 〔隆慶〕安遠縣志

周昶修周昶，字如熙，號賓台，福建閩縣舉人，隆慶五年任安遠知縣。

明隆慶五年（1571）修本　佚

【按】明萬曆縣志林有科序言甘（文紹）、李（多祚）後有「周」氏刪次邑志，此即周昶所修。周昶於隆慶五年任安遠知縣，清朝縣志載其「修縣志」（見同治縣志卷六，職官，知縣）。又康熙癸亥縣志唐成名序稱校於「嘉、隆（慶）之間者」，後者當係本志。康熙縣志歐陽時序謂「安志自明隆慶辛未始，辛未志尚有定、長二邑隸焉，從其未割也」。則本志應修於隆慶五年辛未，康熙修志者當曾見及。

## 〔萬曆〕安遠縣志[1]

潘應詔修潘應詔，廣陵人，萬曆間任贛州府推官。

明萬曆六年（1578）修本　佚

【按】本志未見著錄。據萬曆乙卯縣志林有江序：「自甘、李、周、潘諸公刪次之後，鮮有舉者。」按：「潘」，即潘應詔。又據乾隆十六年縣志卷四職官：隆慶間知縣周昶「修縣志，後萬曆戊寅推官潘應詔改修」。知潘志乃據隆慶周志改修而成，修於萬曆六年戊寅。

## 〔萬曆〕安遠縣志[2]

林有科修林有科，字燦卿，號仲蓼、福建晉江舉人，萬曆四十一年任安遠知縣。

明萬曆四十三年（1615）刻本　佚

光緒《江西通志》藝文略：《安遠縣志》萬曆四十一年知縣林有科修。

林有科序成、弘以前邑志散佚靡所考，即嘉、隆以來，兵燹洊如，邑日奔役於搶擾之不暇，而奚遑禮教……自余於癸丑秋撫蒞茲土，搜往跡之遺，探衍亙之勝，圮必輯，墜必修，教養必興，強暴必戢。矧志係朝家巨典，而自甘、李、周、潘諸公刪次之後，鮮有舉者。俾陳公剛中、宋公濂振勵之，澤用是泯如，余茲戚焉，欲為編錄有日矣。適奉郡守楊公檄取邑志以備郡志之參考，余益慰厥心，亟與邑博士及鄉諸薦紳究核，鱗次以上……（萬曆乙卯）

【按】萬曆間林有科所修此志，書今不存，唯遺林氏自序一篇見錄於後志。據林序可知，其時郡志將修，取屬縣邑乘以備參考，本志因此編輯。本志體例、卷帙今已不詳。據康熙癸亥縣志唐成名序：「惟萬曆乙卯志，刪去割保之名而進新補之地於圖，似為定編」。歐陽時序亦云：「至萬曆乙卯林公有科令此增修出其所割，入其所補，似為善本矣。」則本書所志為割地分置長寧、定南諸縣之後安遠縣所轄範圍。又歐陽時謂本志「目次不甚明晰」。又，林序撰於萬曆乙卯（四十三年），唐成名亦稱本志為「萬曆乙卯志」，則本志書成當在此年。

## 〔康熙〕安遠縣志十卷首一卷

于作霖修　歐陽時等纂<sub>于作霖，字肖形，號瀟濱，山東昌邑舉</sub>
人，康熙十九年任安遠知縣。　歐陽時，字與偕，本邑舉人，揀選知縣
改任縣教諭。

清康熙二十二年（1684）刻本　存

光緒《江西通志》藝文略：《安遠縣志》康熙二十二年知縣于
作霖修。

《中國地方志聯合目錄》。

于作霖序<sub>癸亥夏，我皇上右文圖治，爰有一統志之修，檄下郡縣上</sub>
其書。余捧檄讀之，不禁慨然而興曰：是吾之責也夫，是吾之責也夫。於
是進邑之名宿而謀焉。時有時經廖子道、唐子成名、孝廉歐陽子時，皆博
學宏詞，堪任纂述者，因處之專館而寄以操觚之役。三子亦肆力搜討，准
今酌古，兢兢然惟以不能信後是懼。自夏徂冬，五閱月而書告成。（康熙
二十二年）

唐成名序<sub>明初以上無志可考。弘治癸丑始一纂集，然古本弗存。</sub>
其校於嘉、隆之間者，又蝕殘而不可讀。且地未割補，是統長，定之志，
非志安遠者也。惟萬曆乙卯志刪去割保之名而進新補之地於圖，似為定
編……既即舊編以為憲，復旁詢故老，博采輿論，參互考訂，凡舊志之為
訛者正之，繆者削之，繁者刪之，事有可錄而未錄者增入之，有實跡而為
眾望所歸者以類收之，分門列目，定為十卷，外圖表不與焉，各卷起以冒
引，訖以論斷，三易稿而後成書，五閱月而始畢鎪……（康熙二十二年蠟
月）

【按】清廷修一統志，命天下郡縣各上其志，本志奉詔修
輯，成書於康熙二十二年癸亥冬。於作霖有序述其事，又，唐成

名序稱萬曆林有科志「似為定編」，又云「既即舊編以為憲」，則是志當本萬曆林志而續纂之，且訂正林志之謬舛，補葺其缺漏，續其後事至康熙二十二年止。全志十卷，分輿地、營建、賦役、職官、名宦、祠祀、選舉、鄉賢、紀事、紀年，又卷首為輿圖、序文等。又據本志歐陽時序：「舊令陸公箎思編輯之，亂於兵，不果。」則康熙初年知縣陸箎曾編縣志，未成。本志修纂時不知參取與否。陸箎，號念齋，江南華亭人，進士，康熙七年任安遠知縣。

## 〔乾隆〕安遠縣志八卷首一卷

董正修　劉定京纂董正，字鵬飛，號帥齋，安徽合肥舉人，乾隆十二年任安遠知縣。　劉定京，字功靖，號鏡塘，金溪舉人，縣教諭。

清乾隆十六年（1751）刻本　存

光緒《江西通志》藝文略：《安遠縣志》乾隆十五年知縣董正修。

《中國地方志聯合目錄》。

董正序大抵安邑建自蕭梁，有明以前志乘未立，湮沒而不傳者居多。明季又傷於寇盜，教養無聞，故人事闕如。我朝龍飛以來，聖聖相承，教養遍及，觀一繞志所載，薄海皆日趨於新，故安邑亦日即于盛。特其志修於康熙癸亥，迄今六十餘載……適奉制憲檄修志乘，余凜遵諭令，取舊志之門類，延學博劉君及諸邑紳於館而更訂之，編為輿地、營建、賦役、職官、選舉、人物、紀事、藝文八門……（乾隆十五年）

【按】本志係奉憲檄纂輯，董正序言之已詳。此接六十餘年前之康熙於作霖志續修，「本舊志詳加考核，參以裡巷紀聞」，

體例較舊志有變更。康熙於志十卷分十門，本志八卷分八門，門類省於前而內容增於舊。除子目頗有新設外，記載亦較前志詳賅。本志有乾隆十六年刻本，今存。

## 〔道光〕安遠縣志三十三卷首一卷

黃文變修　徐必藻　馮家駿纂黃文變，號理堂，湖南善化舉人，嘉慶二十四年任安遠知縣，道光元年調署贛縣，二年回任。　徐必藻，字雨坡，奉新舉人，任安遠教諭。　馮家駿，字畫舫，廣昌舉人，安遠訓導。

清道光三年（1823）刻本　存

光緒《江西通志》藝文略：《安遠縣志》三十二卷道光二年知縣黃文變修。

《中國地方志聯合目錄》。

徐必藻序邑侯黃理堂來宰斯土，清廉惠愛，修舉廢墜，大著循志，而尤諄諄於邑乘，乃以憲眷優隆，調署贛縣，事暫寢。壬午夏回任，復商及此事。旋奉憲檄飭修通志並及縣志，機誠湊合，意亦潛符，而閤邑之紳士遂踴躍以赴邑侯之命，爰諏吉開局，各膺其任，部署周詳，條規縝密，志之綱目悉遵大憲所頒，而以舊存通志，郡志、邑志參互考訂，以衷於一是。其舊志未載者，廣為搜羅採訪，無遺無濫，經始於壬午八月，告竣於癸未九月，歲一周而誤者訂，燕者芟、錯雜不倫者次之，亦庶幾釐然有序……

【按】本志係道光二年壬午八月奉檄纂修，次年九月告竣。此修「遵憲頒續修省志所定大綱三十二，附以眾目，而眾目皆以類附」，體例與乾隆董志頗異。全志凡三十二卷首一卷，卷首為

序文、目錄，正文分三十二門，門各一卷，為星野、沿革、形勢、城池、山川、水利、學校、公署、書院、田賦、風俗、土產、兵衛、武事、關津、驛鹽、古跡、封爵、秩官、選舉、名宦、人物、寓賢、列女、仙釋、方伎、祥異、祠廟、塋墓、寺觀、藝文、雜記。

## 〔同治〕安遠縣志十卷首一卷

黃瑞圖等修　丁佩等纂<sub></sub>黃瑞圖，號雲卿，雲南昆明進士，同治六年任安遠知縣。　丁佩，字琢葊，貴溪人，恩貢，縣教諭。

清同治十一年（1872）刻本　存

《中國地方志聯合目錄》：《安遠縣志》十卷首一卷黃瑞圖修，歐陽鐸修。

黃瑞圖序夷考其始，則自有明隆慶間迄我朝道光二年，凡七易而纂修之……現奉劉中丞修通省志，頒發規條，飭各屬修纂縣志，繕稿呈核發刊。爰商請丁琢葊、陳璞園兩學博主修，並派孝廉唐輝祖、選拔貢歐陽鐸暨各紳者，或分修，或校對，或採訪事蹟，或籌畫費需。余雖不敏，相與討論乎典章，稽求乎宜異，斟酌乎損益，無濫無遺。原志分為三十二卷，今遵新章提綱十，分為五十四目，正擬稿呈省，詎經移署泉江，所賴兩學博與馬鄭聲華，秉褚房直筆，在事諸紳董公正勤明，速成厥事，誠盛舉也……（同治十年）

【按】本志係知縣黃瑞圖奉命修纂，同治九年稿成呈省，黃氏修署泉江，繼任縣令略有修飾，付諸剞劂。有同治十一年刻本。此修乃「恪遵上憲新頒條例，校對舊志，有者續之，無者增之，當仍者仍之，當闕者闕之，按部分書，以清綱目，依類附

載，以合體裁」（本志歐陽鐸序）。全書十卷，首一卷，正文分十綱，即地理、建置、食貨、學校、武備、職官、選舉、人物、藝文、雜類，子目五十四。今見本「人物志」之名臣、理學兩目原缺，有目無文。又，本志主纂，黃瑞圖序明言有「丁琢菶、陳璞園兩學博」。丁琢菶即丁佩，時任縣教諭。《中國地方志聯合目錄》錄有清順治九年丁佩纂《安遠縣志》十卷。順治丁志，未見後之志家言及，清初本縣職官、選舉俱無丁佩其人，頗疑《聯合目錄》誤將丁佩主纂之同治志錄為順治志。附說於此。

## 〔民國〕安遠縣志

黃植蔭等修　黃彩彬等纂黃植蔭，修水人，民國三十四年知安遠縣事。　黃彩彬，字質丞，號衍記，邑人，署石城縣知事。

民國三十七年（1948）稿本　闕

【按】民國三十四年四月，黃植蔭來任縣事，當年十月，設修志局，舉修縣志，黃彩彬主纂事。三十五年五月，永新人彭逸羽繼任縣長，乃續其事，至三十七年中輟，成稿一部，分十二章八十四節，又卷首一章。此稿今存縣檔案館，已非全帙。

## ▶ 龍南

龍南縣志，今知最早者為明弘治十三年何珫修本，此前舊乘，無可考稽。弘治之後，隆慶初邑令冀有成曾修輯縣志，至萬曆二年，王孝舉又重為纂續。明清鼎革之際，屢遭兵燹，前修志乘殘佚零落，今已蕩然無存。入清以來，龍南縣志凡七修，最早有康熙十二年馬鎮修本。其後十年，康

熙二十二年鄧元貞本馬志續有補輯。康熙四十五年，又有閻士傑、蔣國楨之續修。乾隆十五至十七年，先後三任知縣永祿、關朝柱、梁其光相繼修成一書。乾隆四十九年前後，有冷泮林、蔣大綸之修。道光二年，王所舉本乾隆冷志再加增續，繼任邑令石家紹定稿付梓。又同治末至光緒初，孫瑞徵、胡鴻澤又踵道光志附益近事，以成一續本。清修諸志，康熙十二年馬修本原刻已佚（有抄本存，闕），康熙二十二年鄧本存亡不明，其餘五種俱存。

五代楊吳武義中，析信豐順仁鄉之新興一裡為虔南場；南唐保大十年，升場置龍南縣，以縣治在龍頭山南（一曰在百丈龍潭之南）故名，屬虔州。宋宣和三年，改名虔南；紹興二十三年，復名龍南，屬贛州。元至元二十四年，併入信豐；至大三年，復置龍南，屬寧都州。明屬贛州府。清初仍之。光緒二十九年析置虔南廳。

## 〔弘治〕龍南縣志五卷

何珖修何珖，字汝玉，廣東順德人，進士，弘治八年任贛州知府。

明弘治十三年（1500）修本　佚

光緒《江西通志》藝文略：《龍南縣志》五卷弘治十三年知縣何珖修。

何珖序志之為言，記也。郡邑有志，蓋以記其邑中所有，若山川形勝、若民風土俗、若學校公宇、關梁古跡、物產人材、名宦節孝、寺觀祠廟、詩文題詠之屬，靡所不有，則靡所不記。然亦必務從其實而欲以其信傳信，俾四方博雅君子心之疑者有所質，傳之訛者有所證，耳目之未及者得有所考據，而擴充其見聞，求不失古《九丘》《禹貢》《職方》之遺意。是志之作，實史之資也，若乃為是禱張幻妄以驚駭一時，非徒誣人，適是

以自誣者，夫豈作志之初意哉。贛之為郡，領十邑，龍南乃十邑之一也。治雖遼僻，而其土地人民政事，視他邑不少下，矧被皇朝聖澤之所涵濡，鎮巡藩臬諸巨公政教之所化導，其間可記者充斥旁午，奚容指屈。第志有未作，雖美弗彰，議者以為缺典。予守贛之六年，為弘治庚申，政通時和，士恬民嬉，簿書多暇，乃相與一二同志，諮諏耆老之舊聞，採錄耳目之新得，在理者登，反是者不錄，論次成編，釐為五卷，凡邑之所有者，悉記無遺，將傳信於四方，以資借其觀覽，署曰《龍南縣志》。愧才薄識淺，不能免夫掛一漏萬之譏，其於所謂禱張幻妄驚駭一時之說，予以不敢為也。書成，同寅二守馬德用謂予宜序，故謬序其所以作志之由如此。

（弘治十三年）

【按】本志係見於前人著錄之龍南邑乘最早修本，是書久佚，幸主修者何珖序猶存。何序撰於明弘治庚申（十三年），本志當成書於是年。何氏述其修纂原由，僅言「諮諏耆老之舊聞，採錄耳目之新得」云云，未言有所憑藉，於本志參纂者，亦僅有「乃相與一二同志」云云，語焉不詳。序末曰「書成，同寅二守馬德用謂予宜序」，或以為馬德係本志纂人，未知確否。又，何氏於明弘治八年任贛州知府，郡志載錄甚明（見明嘉靖《贛州府志》）。光緒《通志》誤錄為「（龍南）知縣何珖」。又，何珖，後志或作「何恍」，明嘉靖府志、清光緒《通志》俱作「何珖」，今從嘉靖府志。


〔隆慶〕龍南縣志

龔有成修　俞琳纂龔有成，嘉定舉人，隆慶元年署龍南知縣，繼升本府同知仍管縣事。　俞琳，信豐人，生員。

明隆慶二年（1568）修本　佚

光緒《江西通志》藝文略：《龍南縣志》隆慶中署知縣龔有成修。

【按】據清康熙四十八年己丑縣志蔣國禎序：「明隆慶初，郡司馬龔公有成撰次成帙，而筆削於俞君琳之手。萬曆二年，邑宰王君繼孝續之。」又乾隆十七年壬申縣志梁其光序亦曰：「龍邑之有志，舊矣，明隆慶初，龔君有成撰之，續於王君繼孝，成于俞君琳。」由是可知，明隆慶間龔有成曾修縣志，其後萬曆二年王繼孝之所修即本龔志。又康熙蔣志序稱龔有成所修，「撰成帙」，其書是否付梓，則不可知。又依蔣序，「筆前於俞君琳之手」者，係龔志；而乾隆志梁序則謂王繼孝續志「成於俞君琳」，未知孰是，或龔、王兩志纂輯，俞氏俱為主筆亦不可知也。

## 〔萬曆〕龍南縣志

王繼孝修　俞琳纂王繼孝，號岷泉，昆山舉人，萬曆二年任龍南知縣。

明萬年五年（1577）刻本　佚

光緒《江西通志》藝文略：《龍南縣志》萬曆五年知縣王繼孝修。

王繼孝跋余自少讀書，以為三代用世之才，惟蕭鄭侯初入秦即收圖籍可見也。早歲叨領鄉書，益有志於用世，自《禹貢》《周禮》外，凡天下郡邑志籍得輒藏之，時取而翻閱焉。落落二十餘年，僅得一龍南令。比至，則先詢志籍，藉以考鏡興革之助。兵燹屢經，冊盡零落，間有輯錄，

亦義例無當，無所取衷，為之慨然太息而猶不能自己也。驅馳車馬，歷巡村落，孰為可舉，孰為可罷，孰為當急，孰為當緩，與夫原隰之宜，險要之所，靡弗諮詢，不特儒碩耆老，而樵夫田老亦進以周旋，蓋閱二年，而百里中之利害得失，稍稍就理，而余之心力瘁矣。向使籍有可據，以余用世之心索之，其尚有濟於龍南萬分之一乎。已復念之，文獻不足，即托宋大聖後焉為有無以舊告新，雖夫子素所鄙薄之人，乃直以忠相許，以余二年之焦勞之所得，百里士民之所待者，失今不記，將無有如余之所慨然者耶。於是檢括案牒，移於廣文先生，令與諸士弟子補其未備，詳其未有。已具禮禮鄰邑俞子刪定為書，已復走使乞文於前郡伯龍塘葉公。蓋公臥治之日，留心民瘼，十邑生靈咸在念慮中，而龍南又為公舊遊之地，余奉教誨殊切，是以借一言之重也。嗟夫，以余少年用世之心，僅一試龍南，而才短力薄，卒不能如其心之所至，惟有效蕭相國收圖籍之意，為龍南成此紀籍。庶後有君子才過余者，不待勞心旁括，即此而按求之，而澤可早及於民也。工成，余述所以刻志之意如此。

【按】明隆慶二年邑令龔有成修有縣志，已見前錄。萬曆五年，王繼孝復修邑乘，兩志之修，僅隔數年。然前贛郡守葉夢熊序萬曆王志云：「龍邑建五百餘年，志獨缺，其間沿革興廢，疆甸財賦，漫無所考……王尹創為邑志，既無可憑襲，惟即其所治者以志之。」不獨未提弘治何氏所修邑志，更無一語及於隆慶龔志。而王繼孝跋文則稱：「比至，則先詢志籍，藉以考鏡興革之助，兵燹屢經，冊盡零落，間有輯錄，亦義例無當，無所取衷。」此言「刪盡零落」者，是否指弘治何志，不得而知，然所謂「間有輯錄，亦義例無當」者，當隱斥隆慶龔志。龔志係王氏前任所修，其時必有書存。故葉序「王尹創為是志，既無可憑

1101

襲」，似有違情事。蓋王氏以為龔志為不足取，遂重加修撰。又王氏跋稱「具札禮鄰邑俞子，刪定為書」，此俞子，即信豐俞琳。本志早佚，唯葉夢熊序、王繼孝跋兩文見錄於後世。葉夢熊序撰於萬曆丁丑（五年），是本志付刊之年。

## 〔康熙〕龍南縣志[1] 十二卷

馬鎮修馬鎮，臨海舉人，康熙九年任龍南知縣。

清康熙十二年（1674）修本　闕

《中國地方志聯合目錄》：《龍南縣志》十二卷馬鎮纂修，清康熙十二年修，抄本。

【按】本志為邑令馬鎮修於康熙十二年。其後二年，康熙癸亥又有鄧元貞修縣志，然該志鄧序稱「贛屬龍南，舊固有志，未修幾近百年」，未提前此有馬鎮之修。而分巡贛南道丁煒序鄧元貞志亦曰：「龍之舊志，成於俞君琳，萬曆以後，事實闕如也，兵燹之餘，版付煙燼，鄧子掇采舊聞，續成是編。」即以鄧志為入清之後首修。其後如康熙己丑縣志蔣序、乾隆壬申志梁序俱從丁說。至光緒《通志》，亦無著錄。本志原刻存亡不知，今北京圖書館藏有抄本，缺第十二卷。《中國地方志聯合目錄》據以著錄。此係清修龍南志乘中最早本子。

## 〔康熙〕龍南縣志[2]

鄧元貞修鄧元貞，漢陽人，監生，康熙二十二年任龍南知縣。

清康熙二十二年（1683）刻本　未見

光緒《江西通志》藝文略：《龍南縣志》康熙二十二年知縣鄧

元貞修。

　　鄧元貞序古邦國典故，小史載之，此郡邑之志所由昉也。第志以記事，前事之不忘，為後事之師。夫使後人不忘前事，則志重；而使後事必師前事，則志愈重。凡建置興廢之由，貢賦土物之宜，風俗沿革之異，與夫官師選舉、忠孝節義、嘉言懿行，必犁然備具，確然有據，始稱全志。志固不重哉。今聖天子恩德覃敷，海隅日出，罔不蒙庥，且稽古懋學，崇文興治，爰詔儒臣編輯大清一統志，以黼黻皇猷，光昭聖治，甚巨典也。乃遍征十五國志，用資採擇。而普天郡邑，莫不仰承上命，翕然修志，恐後焉。贛屬龍南，舊固有志，未修幾近百年，兼以屢經兵燹，殘編斷簡，有己志而訛於昔庚於今者利用修，有未志而續於後遺於前者利用修，至若城郭之開廓，學宮之遷改，戶口之增益，人文之蔚起，則今日之所宜修，又烏可以已。余奉簡命來蒞茲土，未閱月，憲檄修刊舊志。余欽遵之，謀於紳衿，搜集故牒，掇拾遺文，稗編巷語，罔不諮訪，闕疑訂舛，刪繁別偽，詳加校讎，惟其所當。兩閱月而志成，凡建置興廢之由，貢賦土物之宜，風俗沿革之異，與夫官師選舉、忠孝節義、嘉言懿行，條分縷晰，一披覽間，遂見闔邑之風景，燦若列鼎，境內之往跡，昭於指掌，炳炳麟麟，洵可為一方實錄矣。於以仰副上命，共襄巨典，黼黻皇猷、光昭聖治，亦庶乎有裨焉耳，余不敏，偕諸君子為之，參稽互訂，以成此志，志成，爰為之序。（康熙二十二年）

　　【按】本志修於康熙二十二年，其時，清廷詔修《大清一統志》敕天下郡邑纂修舊志，邑令鄧元貞奉台憲檄編纂縣志，兩閱月即成。前此十年，知縣馬鎮已修邑志，鄧氏修志時當能見及，鄧序所謂「搜集故牒，掇拾遺文」，或指包括馬志在內的舊乘，兩志之因承，自不言可喻。至於本志之承前志而有何損益，則不

詳。本志存佚不明，今得見者有分巡贛南道丁煒、贛州知府李文獻及鄧元貞序各一篇。

## 〔康熙〕龍南縣志[3] 十二卷

閻士傑　蔣國禎修　王之驥等纂閻士傑，橫海人，監生，贛州府通判，康熙四十四年攝龍南縣篆。　　蔣國禎，奉天平裏人，歲貢，康熙四十五年任龍南知縣。　　王之驥，字日象，號牧岩，本邑舉人，官至內舍中書。

清康熙四十八年（1709）刻本　存

光緒《江西通志》藝文略：《龍南縣志》十二卷康熙四十五年署知縣閻士傑、知縣蔣國正修。

《中國地方志聯合目錄》。

蔣國禎序第稽宋元舊志，湮沒無傳。明隆慶初，郡司馬龔有志撰次成帙，而筆削於俞君琳之手；萬曆二年，邑宰王繼孝續之。嗣罹鼎革兵燹，簡編日漸殘缺。迨康熙癸亥，邑宰鄧元貞倡率重修，聿觀厥成。屈指迄今，又越廿五六載。所謂踵事增華，拾遺補缺，其在斯乎！其在斯乎！……是編也，先經裁校於別駕閻公，繼余方效輯閱，復呈郡憲朱公親賜釐定，始授剞劂，以壽棗梨……（康熙四十八年）

【按】本志之主修者知縣蔣國禎序曰：「是編也，先經裁校於別駕閻公，繼余方效輯閱，復呈郡憲朱公親賜釐定，始授之剞劂，以壽棗梨。」知本志經閻、蔣兩人之手修成。先是閻士傑以郡通判攝龍南篆，設局修縣志，聘邑名士王之驥、鍾宏物等九人纂輯。時為康熙丙戌（四十五年），本志閻士傑序已有說明。同年秋，蔣國禎知龍南縣，續成其事，參纂仍王、鍾等原班人馬。

蔣氏亦有序述修纂始末。蔣序寫於康熙己丑（四十八年），本志殺青授梓，當在是年。本志係在康熙二十二年鄧元貞修本基礎上，「將近數十年以來，因革損益、人物事蹟未及記載者，續為修附」。全書分「輿地、分野、營建、食貨、職官、名宦、祠祀、選舉、鄉賢、方外、紀事、藝文凡十二卷為綱，自沿革、疆域、山川、風俗、城池、學校、戶口、田賦、壇土遺、科第、孝友、貞烈之屬凡五十條為目」（蔣序）。又，本志主修閻士傑，光緒《通志》錄作「閔士傑」，「閔」係「閻」字之誤。又蔣國禎，光緒《通志》所「蔣國正」，光緒《龍南縣志》職官亦如是。然本志蔣氏自序署名「蔣國禎」，梁其光序乾隆壬申志所數本朝邑令之修志者，亦稱「蔣君國禎」，光緒《通志》蓋避清世宗諱改。

## 〔乾隆〕龍南縣志[1] 二十六卷

永祿　關朝柱　梁其光修　廖運芳等纂 永祿，滿洲正紅旗人，舉人，乾隆十二年任龍南知縣。　關朝柱，湖廣荊門人，進士，乾隆十五年署龍南知縣。　梁其光，閩縣舉人，乾隆十七年任龍南知縣。　廖運芳，字湘芷、號楚涯，本邑進士，時為候補知縣。

清乾隆十七年（1752）刻本　存

光緒《江西通志》藝文略：《龍南縣志》乾隆十五年知縣關朝柱修。

《中國地方志聯合目錄》：《龍南縣志》二十六卷永祿修，廖運芳等纂清乾隆十五年刻本。

梁其光序前任永君祿奉憲飭修，爰始其事，功未竣。前署任關君朝

柱繼之，廣延名士，共襄盛舉。辛未春，余奉命承乏茲邑，甫下車，而邑志已將次告成，所未纂者孝節一編耳。余菲材，欣逢曠典，從而董成之。既成，將付梓……（乾隆十七年）

【按】本志修纂先後主修邑令關朝柱、梁其光均有序記其事，乾隆十五年署縣令關氏序曰：「此予與前令永君奉上憲督修新志之檄而從事，所為汲汲也……永君當眾擎將舉之初，調任寧邑。予不敏，承乏茲土，緒其緒以落厥成者，予之責也。」又雲：「乃志工未竣，予復北上，是所為耿耿於中而不忍釋也。」又乾隆壬申（十七年）梁其光序云：「前任永君祿奉憲飭修，爰始其事，功未竣。前署任關君朝柱繼之，廣延名士，共襄盛舉。辛未春，余奉命承乏茲邑，甫下車，而邑志已將次告成，成未纂者節孝一編耳。余菲材，欣逢曠典，從而董成之。既成，將付梓。」據此可知，本志始修於永祿，關朝柱纂續其事，梁其光畢其功，歷三任邑令閱三年乃成。光緒《通志》只錄關朝柱修，不及前永、梁；《中國地方志聯合目錄》只錄永祿修，刊落關、梁，皆有遺失。又《聯合目錄》著錄本志有「清乾隆十五年刻本」，似不確。考梁其光序稱本志「將付梓」，梁序作於乾隆十七年，當志成授梓之時。今北京圖書館藏有本志原刻本及抄本。

## 〔乾隆〕龍南縣志² 八卷

冷泮林　蔣大綸修　王霆　徐洪懿等纂冷泮林，海陽舉人，乾隆四十三年任龍南知縣。　蔣大綸，彭城舉人，乾隆四十七年任龍南知縣。　王霆，字鏡芝，會稽舉人。　徐洪懿，號樹垣，本邑舉人，曾任乾州直隸州知州。

清乾隆五十年（1785）刻本　存

光緒《江西通志》藝文略：《龍南縣志》八卷乾隆四十八年知縣冷泮林、蔣大綸先後修。

《中國地方志聯合目錄》。

蔣大綸序因悉前故令海陽冷公，有重修邑志稿，亟取翻閱……顧其繕本遺編，雖已垂成……至於修飾潤色，均尚有待。時邑紳樹垣徐洪懿適當家居，前此冷公遺稿，得其贊成之力居多。綸於簿書之暇，時與商榷……閱數月而事得竣……（乾隆五十年）

【按】本志有冷泮林乾隆癸卯（四十八年）序，知冷氏為龍南縣令，有增補邑志之願，數年間留意採訪搜尋。癸卯春，會稽王霆來遊，委以編纂之任，本邑舉人徐洪懿亦受聘參纂，「自夏至秋，五閱月而稿成。中間為八卷，總目如之，分目四十七，分目之下，附加細目」。志稿既成，行將付刊，冷氏遽卒於官。次年，蔣大綸繼任縣令，「因悉前故令海陽冷公有重修邑志稿，亟取翻閱，見其條目詳明，典文該洽」。蔣氏又以為冷志稿「其繕本遺編，雖已垂成，而善行節孝諸端，猶宜覆核，且有采輯而續增者」，遂再加勘訂補茸，閱數月事竣。此於蔣氏自序言之甚明。蔣序撰於乾隆乙巳（五十年），乃本志終稿授梓之時。


〔道光〕龍南縣志八卷首一卷

王所舉　石家紹修　徐思諫纂王所舉，山東舉人，道光三年署任龍南知縣。　石家紹，字瑤辰，山西翼城人，進士，道光五年任龍南知縣。　徐思諫，邑人，副貢生，候選教諭。

清道光六年（1826）刻本　存

光緒《江西通志》藝文略：《龍南縣志》八卷<sub>道光四年知縣石</sub>家紹修。

《中國地方志聯合目錄》。

石家紹序<sub>道光四年冬，余奉檄來宰是邦⋯⋯適副貢徐君思諫續修縣</sub>志稿成，亟索而覽之。其書體例，一仍前令冷公舊志，而附益以近事，凡天文、地理、人物有關茲土者，蓋既備載於中矣⋯⋯歲丙戌，徐君將以其書付剞劂，而請序於余⋯⋯（道光六年）

【按】道光三年，王所舉署龍南縣事，續修邑志，徐思諫主纂。次年冬，王氏去任，石家紹接任龍南知縣，「適副貢徐君思諫續修縣志稿成，亟索而覽之。其書體例，一仍前令冷公舊志，而附益以近事，凡天文、地理、人物有關茲土者，蓋既備載於中矣」。此石家紹序所言。知本志由王所舉始修，體例一仍乾隆五十年冷志。石序又謂：「歲丙戌，徐君將以其書付剞劂，而請序於余。」本志終稿，在道光丙戌（六年），全書記事亦止於是年，則石氏接任縣令後，又有所增益。本志有道光六年刻本，今存。

## 〔光緒〕龍南縣志八卷首一卷

孫瑞徵　胡鴻澤修　鍾益馭等纂<sub>孫瑞徵，浙江人，監生，同治</sub>八年任龍南知縣。　　<sub>胡鴻澤，安徽涇川人，進士，光緒元年任龍南知</sub>縣。　　<sub>鍾益馭，邑人，貢生。</sub>

清光緒二年（1876）刻本　存

民國二十五年（1936）鉛印本　存

《中國地方志聯合目錄》。

胡鴻澤序余於乙亥春權篡是邦，適憲檄篡修新志，因集邑紳議，始悉明經鐘君益馭、選拔進士李君夢齡業經具有成稿，條分縷析，義例一仍其舊，而發潛闡幽，考信徵實，洵足補前志所未備，惟經費不足，所賴邑之好善士……樂事勸功，成是美舉……凡七閱月而功竣……（光緒二年）

【按】本志係同治間知縣孫瑞徵奉憲檄舉修，邑明經鍾益馭等董理編纂。至光緒元年，孫氏離任，胡鴻澤署縣事，「業經具有成稿，條分縷析，義例一仍其舊，而發潛闡幽，考信征實，洵足補前志所未備。惟經費不足，所賴邑之好善士……爰舉四品銜候選教諭廖君薪傳董局事，取以付梓，凡七閱月而功竣」。今觀本志職官、選舉、人物志諸卷，記事至光緒二年，知胡氏於本志略有增續。又本志體例，沿襲道光志之舊式，其中天文、地理志兩卷，俱有道光志舊編，無有損益。其餘諸卷，則從後附益近事，可謂道光志之續編。

## ▶ 尋烏

尋烏縣舊名長寧，明萬曆初始置縣。萬曆七年，知縣黃源創修縣志。明修長寧志可考者僅此一書。清康熙十二年，知縣井重修一志；其後邑人吳之章私篡志稿一編，乾隆十三年知縣沈濤參合舊志及吳志稿篡修成書。沈志因「未合輿情」，乾隆十四年署令戴體仁重加修訂。此外，又有佚名氏「改寫」沈志者，該志光緒間頗為傳行。又自乾隆以來，邑人邱上峰、曹起達各篡邑志，成書時年皆難確考。又道光間邑人劉德熙亦有縣志稿，又邑人曾撰輯縣志四冊，此俱私家篡輯。曾氏輯本經知縣王曾樾校勘，咸豐六年知縣蘇霈芬本之重修一志。又光緒二年，知縣沈經熔據咸豐志續修

之，光緒七年、二十五年、二十七年、三十三年均有續修本。舊志今存者，有萬曆黃志、康熙十二年井志，乾隆十四年戴志、咸豐六年蘇志、光緒二年沈志及光緒七年、二十五、二十七、三十三年續本。又據咸豐縣志「採訪目錄」有所謂「邑人鄺上芬鈔志、邑人陳璿鈔志、邑令李景昌發鈔志、邑令陳大森發鈔志」及「邑令黃山校勘志」。以上諸書未見，其事亦無考，所稱「鈔志」云云，蓋非纂修，今不著錄。又有同治三年《長寧縣採訪總冊》（稿本）、民國佚名氏《長寧鄉土志》，俱不在本書收錄範圍。

明萬曆四年，析安遠縣之黃鄉、雙橋等十五堡置縣，又割會昌長河堡一帶相連壤地益之，名曰長寧縣，義取長寧久安，屬贛州府。清仍明。民國三年，避四川省同名之長寧縣，就原堡尋烏改名尋烏縣。

## 〔萬曆〕長寧縣志十卷

黃源修　羅應霖纂黃源，字及泉，廣東海康人，選貢，萬曆六年任長寧知縣。　羅應霖，吉水人。

明萬曆七年（1579）刻本　存

光緒《江西通志》藝文略：《長寧縣志》萬曆七年知縣黃源修。

《中國地方志聯合目錄》。

黃源序長寧割安遠十五保以為邑，分土分民，尤當早辨，使紀述之不詳，將何以紀偉業而揚休烈也哉！己卯春，余聞吉水羅生應霖學問賅博，遠使聘至，就館於鎮山樓，因求安遠舊編屬之撰次，請本鄉致仕教授劉君壽仁校正，復屬庠生賴承揚筆暨故老廣詢博訪，凡當代之人物義節灼有實跡及卉木禽獸之產、災祥蕃變之數與夫瑣語蕞說，纖悉具載，至於凡例，則立為二編；自建置以至古跡，皆因於地者屬之輿地；自職官以至藝文，皆成於人者，屬之人物。以類收入外，圖不預焉。未閱月而書成……

【按】本志係長寧知縣黃源於萬曆七年所修，是長寧置縣後邑志之首修本。黃氏序稱：所修乃「因安遠舊編」加以撰次，並廣詢博采當時人事。所謂「安遠舊編」，指明萬曆以前之安遠舊志。據考自明弘治至萬曆初，安遠縣志有甘文紹、李多祚、周昶、潘應詔諸家修本，皆志「地未割補」之安遠，是「統長、定之志」。黃源此修蓋本上述諸志。清康熙縣志張問行後序謂本志「僅紀明萬曆三年至七年事止耳，荒略不全，不足以垂不朽」。本志原刻今存，《聯合目錄》稱藏美國國會圖書館，但朱士嘉《美國國會圖書館藏中國方志目錄》未見著錄。

## 〔康熙〕長寧縣志六卷

井廞修　井廞，字素庵，順天文安人，進士，康熙七年任長寧知縣。

清康熙十二年（1673）刻本　闕

清抄本　存

光緒《江西通志》藝文略：《長寧縣志》康熙十二年知縣井修。

《中國地方志聯合目錄》。

張問行跋今上七年，燕台井侯來令吾邑，甫下車，即以志言為詢。後得舊本，覽竟，謂此志僅紀明萬曆三年至七年事止耳，荒略不全，不足以垂不朽。且國朝反度維新，巨典屢頒昭垂薄海內外已三十年，而志缺然未載，懼無以彰王制而示法守。故自履任以來，凡境內山川之平險，田疇之高下，風尚之端邪，食貨產殖之盈絀，兵刑賦役戶口城衛之堅瑕損益，靡不周諮詳詢，目睹心維，蓋舉全邑而洞然胸中矣。隨於案牘之餘，手自裁訂，藏之已久。今奉命徵天下郡邑志書，用修通志，因出其編以見示。

余披覽數四，搜輯精詳，事詞贍核，義例謹嚴，有合十數人之才力而弗克勝任者，而侯一人獨為之，益見我侯之留心……

【按】本志係清修長寧邑乘之最先出者。據張問行跋文稱，康熙七年井知長寧，以萬曆黃源所修縣志「荒略不全」，且自黃氏志後至清康熙近百年間，「志缺未載」。因留心採訪，周諮詳詢，於案牘之餘，「手自裁訂」。適「奉命徵天下郡邑志書，用修通志」，井氏因出其所編輯者整理付梓。據此可知，是志乃井氏一人之所纂修，張問行實未與其纂事。後人著錄多以張氏為本志纂者，不確。本志分六卷，天文、輿地、營建、食貨、職官、人物、藝文各為一卷，其子目三十八。有康熙十二年刻本，今僅存五、六兩卷，藏北京圖書館。又有清抄本，亦藏北圖。

〔乾隆〕長寧縣志[1]

吳之章纂吳之章，字松岩，號槎叟，本邑諸生，著有《泛槎集》。

清乾隆間稿本　佚

【按】乾隆十四年縣志沈濤序曰：其修縣志，「參考前志，網羅舊聞，間輔以吳生之章修而未刻之志，重加葺訂」。據此，沈志之前邑人吳之章纂有志稿一部。據永豐徐湘潭撰《吳之章傳》稱：「興國知縣張尚瑗纂修《贛州府志》，張多引名流，之章與焉。」又「襄助《贛州府志》，（之章）用力最多，屢倡修長寧縣志，不果。沒後知縣沈濤舉修，以其所輯稿本為據」。吳氏纂輯縣志，稿成於何時，不詳，大約在其參纂府志（康熙五十二年稍前）至乾隆十四年沈濤修志之前。咸豐縣志「採訪目錄」列吳志在邱上峰志之後，未必依成書先後，難據以推斷吳志定晚

成於邱志。今觀沈濤序其修志事，只言有吳志，而不及邱上峰志。咸豐年間，吳氏志稿尚存，其時修志採訪得之，爾後下落不明。據咸豐六年縣志曾撰序稱：「（吳氏志稿）仍黃志、井志纂修而校定之。」其言當以所見為據。明萬曆七年黃源志今存，借此可見吳志之大概。

## 〔乾隆〕長寧縣志[2] 六卷首一卷

沈濤修　沈大中纂<sub>沈濤，字次山，江陰人，進士，乾隆七年任長寧知縣。</sub>　<sub>沈大中，江陰舉人。</sub>

清乾隆十三年（1748）刻本　未見

光緒《江西通志》藝文略：《長寧縣志》<sub>乾隆十三年知縣沈濤修。</sub>

《中國地方志聯合目錄》。

沈濤序<sub>故雖創修於黃，續於井，本無可紀，二公亦存其大略而已。今已立縣二百年，田野日已闢，戶口日以增，政事日以繁，人文日以起，非復舊觀也……乃取其已修者總而觀之，見其文不足存，因為參考前志，網羅舊聞，間輔以吳生之章修而未刻之志，重加葺訂，缺者增之，叢者刪之，欲者易之。書成，呈藩憲中州彭樂君先生。猥蒙許可，遂付開雕，蓋文質間鼇然可觀矣……</sub>

【按】本志修成於乾隆十三年，主修知縣沈濤有序言其役顛末頗詳。據沈序，此修「參考前志，網羅舊聞，間輔以吳生之章修而未刻之志稿，重加葺訂」。稿成呈憲藩批准，遂付開雕。是志原刻本今未獲見。又，乾隆十四年，沈氏致仕，戴體仁署縣中，以沈志「少存己見，未合輿情」，乃重加修訂，付梓宣行。

《中國地方志聯合目錄》著錄沈志為「乾隆十四年（1749）刻本」，而不錄戴體仁校訂本。乾隆十四年本實戴氏校訂本也。今援例分別著錄。

## 〔乾隆〕長寧縣志[3]

邱上峰纂邱上峰，字三眉，本邑進士，曾任清豐縣知縣，著有《簵村詩》二十餘卷、文集十冊。

清乾隆間修本　未見

【按】咸豐縣志曾撰序稱：「鄉先生邱、吳、曹諸前輩仍黃志重加纂修而校定之。」據此，邱上峰曾纂輯邑志，此書當係私纂。咸豐志「採訪目錄」亦有「邑人邱上峰志」一種，則邱志至咸豐間尚存，蘇霈芬等修志時採訪得之。又，乾隆十四年縣志戴體仁校定本卷四，名宦「戴體仁傳」引錄有「邱上峰曰：邑志成於戴侯，應無立傳之例云云」。則邱志當成於戴志之後，而光緒二十五年縣志載「乾隆十三年戊辰修纂姓氏」，有「清豐知縣邑人邱上峰」則邱氏曾參與官修乾隆縣志編纂，然沈、戴兩志序竟無一語及之。咸豐志「採訪目錄」，戴體仁志與邱上峰志分另登錄，所見應是兩書。茲據咸豐志「採訪目錄」，將邱志另行著錄，且存疑以俟考。

## 〔乾隆〕長寧縣志[4]六卷首一卷

戴體仁修戴體仁，字心齋，今築人，乾隆十四年署長寧縣知縣。

清乾隆十四年（1749）刻本　存

戴體仁序夫長邑之志，創修於黃，彼其先規模初具，繼修於井，抑

其時禮教未遑，越數十年來，地闢民稠，人文煥發，非復曩時景象。沈君毅然起而修之，應亦進臻醇備，顧又以少存己見，未合輿情。戊辰夏，余捧憲來署茲土。下車之始，士民即以續修為請。彼其時百務匆忙，未暇留心學問，因以不文辭。迨桂秋，諸凡稍就，士民復固請焉，乃不獲辭，用是於簿書錢穀之餘，盡博覽遐搜之力，舉凡三君子之所成，省郡志之所載，無不廣為採擇，詳加考訂，務期先協人心，無傷公道……爰付之梓人。

【按】本志係乾隆十四年署知縣戴體仁據沈濤志重修。其時，沈志甫成，沈氏告老歸府，戴氏署縣令，邑士民以沈志「未合輿情」，請為續修。是年秋，戴氏乃舉事，「盡博覽遐搜之力，舉凡三君子（指前邑志主修縣令黃源、井、沈濤三人）之所成，省郡志之所載，無不廣為採擇、詳加考訂」。當年修成付梓。則乾隆十三、十四年，官修長寧縣志有兩刻本。光緒二十五年縣志凡例云：「沈志有三本之別，人多不能辨。一為沈公手訂，一為署事戴公體仁所校刊。以文則沈刻為優，以事則戴刻較核，二刻近俱不行。」《中國地方志聯合目錄》所著錄清乾隆四十年刻本《長寧縣志》（錄為沈濤等修，沈大中等纂），實係戴體仁重修本，非乾隆十三年「沈公手訂」本。然光緒二十五年縣志「原修姓氏」所錄「乾隆十三年戊辰修纂姓氏：纂修，知縣吉吳沈濤、知縣今築戴體仁、知縣黔陽郭昞，清豐知縣邑人邱上峰」。此亦未分辨沈氏原修、戴氏重修兩本矣。今分別著錄之，略加辨析。又，本志體例略仿康熙張尚瑗所修府志，分志地、志政、志人、志言四門，釐為二十八目，別為六卷。記事至乾隆十四年止。其卷四，名宦有戴體仁傳，並錄「邱上峰曰」：「邑志續成於戴侯，

第九章‧贛州地區

應無立傳之例，嘉跡異政以俟後來采登。侯下車數月而澤周群黎，恩推士類」云云，乃明戴志為戴氏本人立傳之原由。此傳或戴氏離任後補載。又咸豐《縣志》「採訪書目」有「邑令郭志」。郭氏乃繼戴體仁為長寧知縣，乾隆十三年己巳來任，戴志中有郭跋曰：「乾隆戊辰歲，沈君次山既從而纂修之，戴君心齋又從而續補之，舉山川風俗人文物產罔不記載，纖悉靡遺……余以己巳歲奉命來治斯邑，因樂其志之成而治化之有因也，是為跋。」無郭氏修志事。

〔清〕長寧縣志[1]

　　佚名修纂

　　清修本　未見

【按】本志未見著錄。光緒二十五年縣志凡例云：「邑志創自前明萬曆，凡經二修，今惟沈（濤）志尚存。沈志有三本之別，人多不能辨。一為沈公手訂，一為署事戴公體仁所校刊……二刻近俱不行。近今通行之本，鄙倍已極，不知何人所改寫，乃私書也。」由是可知，沈濤志除有乾隆十四年戴體仁校訂本外，又有無名氏「改寫」本行世，光緒二十五年縣志謂之「私書也」，斥之「鄙倍已極」。該本情況不明，是否為刻本亦不詳。茲謹據光緒二十五年縣志凡例，別錄作一種。

〔清〕長寧縣志[2]

　　曹起達纂　曹起達，邑人。

　　清修本　未見

【按】本志未見著錄。咸豐縣志曾撰序稱「鄉先生邱、吳、曹諸前輩」修志，「曹」即曹起達。光緒二十五年縣志卷之二，科目，貢生引有「邑人曹起達曰：安遠志者，以已分縣不錄諸人，并志又遺之……今從舊志載入」云云，與該志所引「邱上峰曰」「吳之章曰」同例，知曹起達實有纂輯邑志之事，其書成於何時不明。除曾序外，未見有人言及。然咸豐志「採訪目錄」無曹起達志，蓋已未得獲見。茲謹據曾序著錄。

## 〔道光〕長寧縣志

劉德熙纂劉德熙，字穆士，本邑進士，補殿試點庶起士，曾任湖南耒陽知縣。

清道光間稿本　未見

【按】光緒二年縣志劉丕誠跋述長寧邑乘源委稱：「道光間邑人劉穆士太史編定（縣志）稿本，以費艱而未刻。戊申郡志重修，多採擇焉。」又光緒二十五年縣志鍾權材跋云：「乃檢查舊志，乃搜求劉穆士大史遺稿，互相考證，刪其繁，補其略，附以繼起，其間稍有損益，皆取於劉太史遺稿，不敢妄贊一詞。」知道光間劉德熙有志稿一編，為光緒二十五年修志所本。該志體例略見存於光緒二十五年縣志。

## 〔道光〕長寧縣志輯本四冊

曾撰纂曾撰，字淑琅，號心泉，本邑舉人。

清道光二十八年（1848）輯本　未見

【按】咸豐五年縣志曾撰序後有注，云：「道光丁未，吉南

贛寧道李本仁捐修贛州府志，延九屬名士協纂，心泉與焉。幾兩載，鈔縣志四冊，時志尚有龍南進士鐘箬樓師，興國舉人胡麟、藍拔奇，定南舉人黃正琪、雩都歲貢譚欣、會昌恩貢周尚文一同校正，呈李觀察鑒定，邑侯王曾樾校勘。今成是書，非一人臆見也，用後告之君子。」由是可知，曾撰參纂道光丁未贛州府志時，曾鈔錄長寧縣志四冊，經邑令王曾樾校核。此縣志輯本四冊，為咸豐五年縣志修纂所本。咸豐志「長寧縣四修縣志採訪書目」有「邑令曾樾校勘志」，即此志也。又「採訪書目」另有「邑令王山校勘志」一種，其事不詳，亦未見有人言及，今不著錄。

## 〔咸豐〕長寧縣志四卷首一卷末一卷

蘇霈芬　楊長傑修　曾撰纂蘇霈芬，號澤珊，雲南晉寧州拔貢，咸豐五年任長寧知縣。　　楊長傑，號俊卿，湖北應山舉人，咸豐五年任長寧知縣。

清咸豐五年（1855）刻本　存

清抄本　存

光緒《江西通志》藝文略：《長寧縣志》四卷咸豐五年知縣蘇霈芬修。

《中國地方志聯合目錄》。

曾撰序長邑縣志，自乾隆十三年戊辰前令沈、戴及鄉先生邱、吳、曹諸前輩仍黃志、井志重加纂修而校定之，分志地、志人、志政、志言為四綱，條目各以類附，最為妥協。閱今百有七年，板帙朽蠹，舊本罕存，失今不修，後將湮沒。咸豐五年乙卯春，古滇蘇明府澤珊先生來宰是邑，下車伊始，亟訪求志乘。予乃出先年在贛修郡志時手錄縣志四冊以進，深

為許可，決志纂修。時有州司馬陳滋榮、何芳秀二人各出百金為倡，詳報設局，編輯付梓。功半而蘇明府以瓜代去，楊明府抵任。四郊多壘，軍書旁午，未遑暖席，撫字為勞。剞劂方竣，同局屬弁一言以冠首……（咸豐六年）

【按】本志修於咸豐五年，此前八年，曾撰參纂府志，手錄《長寧縣志》四冊，經邑令王曾樾校勘。咸豐志即以曾氏輯本為底本修纂。本志體例沿用乾隆沈、戴志之舊，分志地、志人、志政、志言四綱。其內容如曾撰序所言：「於天文則補以府志、圖說；於志地則詳溯山水原委；於志人則按年表首序秩官、名宦，次科目，次志貢，次仕宦宦績；於人物則多鄉賢文儒孝友行誼，有善必錄；於節婦則貞媛烈女，窮巷不遺，潛德之幽光必發，深閨之貞淑必傳；於民政則先祀，次戎，樂章補舊志之闕，兵戎摭近年之遺；於志言則吉光片羽存其真，遊女野人抒其臆，關風化者必登，涉遊戲者不載，名人流寓必紀；雜志方言具傳，卻諛墓之金，存董狐之筆。」然此志纂修較草率，多有缺誤。劉丕誠云：「咸豐五年乙卯蘇公澤珊筆修，嗣以瓜代期臨，未暇編檢，其中卷頁之顛倒，字句之舛訛，分門之闕漏，難以枚舉。如官署之未載，橋渡之皆遺，則將焉用彼志哉。」（光緒二年縣志跋）

## 〔光緒〕長寧縣志[1] 四卷首一卷末一卷

沈鎔經　黃光祥修　劉德姚　劉丕誠等纂沈鎔經，號芸閣，浙江烏程人，進士，同治八年署長寧知縣。　黃光祥，字瑞庭，福建閩縣人，進士，光緒元年任長寧知縣。　劉德姚，字彥發，邑人，恩貢，候選教諭。　劉丕誠，號畏岩，本邑貢生，即選訓導。

光緒二年（1876）刻本　存

《中國地方志聯合目錄》。

劉丕誠跋明萬曆三年析安遠而置長寧，越四年，邑侯黃公及泉編輯志書，此志之所由昉也。國朝康熙癸丑，井公素庵重刻。乾隆戊辰，沈公次山復修。道光間邑人劉穆士太史編定稿本，以費艱而未刻，戊申郡志重修，多採擇焉。咸豐五年乙卯，蘇公澤珊復修，嗣以瓜代期臨，未暇編檢，其中卷頁之顛倒，字句之舛訛，分門之闕漏，難以枚舉，如官署之未載，橋渡之皆遺，則將焉用彼志哉。光緒丙子春月，上憲委催邑志，以備通志之采資。邑侯黃公瑞庭，政簡民和，命余等編校重修。因限期迅速，遂將蘇志原板及沈芸閣明府所定稿續輯而補其遺。蕪俗之愆知不能免，尚祈後之續修而訂正焉。（光緒二年）

【按】本志係光緒初奉憲命續修，以備通志之采資。其以咸豐蘇志為本，「凡所增修，亦各以其類續之」。稿本為沈鎔經手編。沈氏離職，黃光祥接任，乃命劉德姚等「遂將蘇志原板及沈芸閣明府所定稿續輯而補其遺」。黃光祥序稱：「舊本之已有板帙者，悉循其故，而新增者隨付棗梨。」其實，新增部分並未鏤板，「率屬檢字而成，事後無板再印，故相距只二三載而其書已不可多得」（光緒七年縣志慶善序）。至光緒七年慶善重刊並略加增續。

### 〔光緒〕長寧縣志[2] 四卷首一卷末一卷

慶善修慶善，號餘生，鑲黃旗人，由軍功保舉，光緒四年提署長寧知縣，六年補實。

光緒七年（1882）刻本　存

慶善序長寧自明置縣，至今三百餘年，其有志已舊矣。前宰黃君瑞廷以省垣各上憲方修通志，亟增修備采，爰開局延邑之老成名宿商榷參訂，以蕆厥事，時在光緒二年丙子也。迄戊寅春。余奉命來蒞茲土，下車詢及縣志，即屬僅見。僉謂爾時修志，舊本仍原板帙，而新增者並未鏤板，率屬檢字而成，事後無板再印，故相距只二三載而其書已不可多得。余思志者記也，原欲記一邑之事實以傳不朽。長寧之志迭修於諸君子之手，公余嘗時披閱，見其原原本本，踵事增新，至黃君已蔚然可觀，洵足信於今而傳於後。獨惜其板帙不全，勢必久而就湮，早已懷重刻之志焉。今歲冬特屬原輯廩生陳立超將舊板之漶漫者與未鏤板之新編重新釐定，非以云修，亦修之未久，原無事於修，第即數年來祀典禮樂之振興，秩官貢舉之繼增，壇廟公廨之建修，倉庫谷石之積儲所當按年以紀者，逐次補入。其他垂諸掌故，有待訪求者，不敢漫續，一循其舊，編成付諸梓人以開雕。（光緒七年臘月）

【按】光緒初所修縣志，乃即咸豐蘇志增續，板亦仍其舊，新增部分「率屬檢字而成」，未曾鏤板。繼任縣令慶善患是書「事後無板再印」。遂命人將蘇志舊板漶漫處與未鏤板之新編重新釐定，以付鋟刻。並於典禮、秩官、貢舉、壇廟、公廨諸類，「所當按年以紀者逐次補入」，記至光緒七年而止。是書雖為光緒二年志之補板刻本，然間有補苴增續。《中國地方志目錄》徑錄為沈、黃志之「光緒七年刻本」。今依本書例，另作一種著錄。

## 〔光緒〕長寧縣志<sup>3</sup> 十六卷首一卷

金福保修　梅奇尊　鍾材權纂金福保，浙江人，蔭生，光緒二十

四年任長寧知縣。　　梅奇葶，字棟生，本邑恩科舉人，揀選知縣。　　鍾材權，本邑貢生，候選訓導。

光緒二十五年（1899）刻本　存

《中國地方志聯合目錄》。

鍾材權跋吾邑志自光緒十五年續修後，十餘年來，人物繼起，頗不乏人，誠恐日久或滋散佚，因與合邑士紳商謀為繼續之舉，僉應曰可。乃檢查舊志，及搜劉穆士太史遺稿，互相考證，刪其繁，補其略，附以繼起，其間稍有損益，皆取於劉太史遺稿，不敢妄贊一詞，庶不負實事求是之意焉耳。（光緒二十四年）

【按】本志修於光緒二十四年，次年書成付刊。此修距光緒七年志僅十餘年。其書體例略有變更。據鍾材權跋稱，乃參考道光劉德熙志稿等舊志刪繁補缺，附以繼起，「其間稍有損益，皆取於劉太史遺稿，不敢妄贊一詞」。其凡例則云：「今惟於沈、戴二刻互取其長，並為訂訛補闕，以期信今傳後。不載於二刻者，必別有可據，始酌存之，否則不敢漫錄。」是志卷首為序文、凡例、圖。正文十六卷，分星野、輿地、山川、建置、學校、田賦、兵防、職官、選舉、人物、藝文、雜志十二分志，子目五十七。有光緒二十五年刻本，今存。

〔光緒〕長寧縣志[4] 十六卷首一卷

徐清來修　劉鳳翥等纂徐清來，浙江永嘉舉人，光緒二十七年任長寧知縣。　　劉鳳翥，邑廩生。

清光緒二十七年（1901）活字本　存

《中國地方志聯合目錄》。

【按】本志係光緒二十五年縣志續修本，最晚記到光緒二十七年十月（豐和署知縣，見卷十，職官志），增續文事寥寥無幾。有光緒二十七年刊本。

## 〔光緒〕長寧縣志[5] 十六卷首一卷末一卷

王衍曾　程祖蔚修　古有輝纂 王衍曾、程祖蔚，俱光緒末長寧知縣。　　古有輝，邑人，廩貢，特授吉安府訓導。

光緒三十三年（1907）活字本　存

《中國地方志聯合目錄》。

【按】本志據光緒二十七年縣志增續。書中編次紊亂，卷帙倒錯頗多。如卷首錄舊序，有萬曆七年曾同亨序一篇；而卷四藝文又錄黃源、彭家屏、沈濤、郭昞、張問行等舊序。又，星野志，按目錄在卷一；志文卻置卷首；繪圖按目錄在卷首，而圖卻在卷一，等等，可見該志編輯之粗濫草率。

## ▶ 定南

邑乘之修於明者，僅萬曆章瑩志一種，章志為本縣志乘之始創。清順治間有祝天壽縣志十卷。又有《定南縣志略》六卷，係抄本，蓋從祝書抄輯成帙。康熙間有林詵孕縣志十卷。乾隆三十八年定南縣改廳，黃汝源、朱昕有《定南廳志》七卷，刊於乾隆四十四年。此後，道光五年諸吉祥等、同治間王言綸等均有續修。

明隆慶元年，分龍南、安遠、信豐三縣地置定南縣，屬贛州府。清乾隆三十八年，改為定南廳。民國二年復為定南縣。

## 〔萬曆〕定南縣志十卷

　　章瑩修　劉斯立纂章瑩，鄞縣人，恩貢，萬曆十一年任定南知縣。　劉斯立，字慎吾，泰和人。

　　明萬曆十二年（1584）刻本　佚

　　光緒《江西通志》藝文略：《定南縣志》十卷萬曆十二年知縣章瑩修。

　　章瑩序萬曆癸未春，余視事定南。甫至，為搜遺文考故實，思以效萬分之一。而邑係新創，紀載缺如，罔有聞也……因請命當路，開局纂修，立例定凡，分授群彥，而折衷則屬之慎吾劉君，君蓋前令所聘以傳《易》定南者也。既又請之郡邑博陂陀王君、楚南李君，稍為刪訂。余始執冊流覽，見其為卷十，為目七十有三，其為言幾萬有千餘，而冠之輿圖，附以年表，邑之遺文故實大略備矣。乃授之剞劂氏，三月工告成。（萬曆十二年）

　　【按】本志係定南置縣以來邑志之創修本，志成於萬曆十二年，原刊本已亡，主修知縣章瑩、纂修劉斯立均有序見錄於後志，修志始末序文概略言之。全書共有十卷，正文分十門七十三目。劉斯立序有說，云：「先立十綱繫以七十三條，首以圖，而附紀年表事於後，邑之大都見矣。地土為百姓阜成之基，故先之以輿地；有輿地而後堂舍宮室有所麗，故次之以公宇；民必待司牧而後治，故次之以秩官；有秩官而惟正之供不容緩，故次之以貢賦；民食既足，禮義之興存乎賢，故選項賢舉人物志焉；聖賢之道，人材所由出也，故祀典志焉；邑邊嶺北而武備不可以或弛，故有兵防之志；詞翰公移則皆有裨於風教，故有藝文之志。然則是編也，邑之故典庶幾乎次序不紊，大小弗遺者矣。」

## 〔順治〕定南縣志十卷

祝天壽修　張映雲纂祝天壽，字平格，遼東人，貢生，順治九年任定南知縣。　張映雲，字子仲，本邑梁溪人。

清順治十四年（1657）刻本　存

光緒《江西通志》藝文略：《定南縣志》順治九年知縣祝天壽修。

祝天壽序余自順治九年謬宰是邑，第見環邑皆山……是雖一志成，而關係於風俗人心者不淺也，亦《春秋》遺意也。至於創制立法，畫疆規畝，修祀明戎，課藝訓蓄，興賢造士，種種有裨於國家者，尤一日不可缺。予是以亟亟於此，而屬筆於仲先張子也。若夫增其所不足而補其所未聞，則以俟後之君子，予何能專美焉。（順治十四年）

【按】本志係知縣祝天壽主修，經始於順治十二年乙未，歷三年乃成。主纂人張映雲《敘略》言是志輯纂事，曰：「爰從他邑覓一舊志為定本，按自神宗十二祀以後而歷我清，一一諮諸本邑之人，質諸鄰邑之人，訂訛釐謬，條分縷析之，固不敢以己意為進退，亦不敢以偏聽決是非，一準諸纂志者之心而後止。其舊本之紀跡實錄，有關政教者不敢竄易一字，其昔日所無今日所有，較舊本而應增入者，亦不憚依凡例委曲詳盡於其間。蓋時當滄桑，莫要於美風俗人心為本，故凡有裨於風俗人心者，雖一事之小，一行之微，亦必表而著之，且不惜闡幽搜秘以節取之，而存之於竹素之間。」此言「覓一舊志為定本」，當指明萬曆章志。知是志實本章志而續其後邑事。全書十卷，卷一圖記，卷二輿地，卷三公宇，卷四秩官，卷五貢賦，卷六選舉，卷七人物，卷八祀典，卷九兵防，卷十藝文，子目凡七十七。其卷帙門類之

分，亦仍章志之舊，僅子目略有增易。本志有萬曆十四年刻本，原刻本今存，《中國地方志聯合目錄》失收。

## 〔順治〕定南縣志略六卷

祝天壽修　佚名輯

清抄本　存

《中國地方志聯合目錄》：《〔順治〕定南縣志略》六卷（清）祝添壽纂修。清順治九年修，抄本。

【按】清順治年間，知縣祝天壽主修《定南縣志》十卷，刊於順治十四年（已見本書著錄）。《中國地方志聯合目錄》未錄祝志十卷本，卻錄有《定南縣志略》六卷抄本，題作「祝添壽纂修」。此抄本內分星野、氣候、建置、沿革、城池、街巷、井坊、表、墟、市、疆域、山川、古跡、險塞、橋樑、陂塘諸項，記事至清順治十四年。或謂此本係天壽據萬曆章志天、地兩冊損益釐定成書。此乃臆揣之論。此抄本應係自祝天壽十卷本縣志中輿地部分輯得。抄輯於何時不詳。抄本今藏上海圖書館、南京地理研究所兩處。

## 〔康熙〕定南縣志十卷

林詵孕修　賴用楫纂林詵孕，福建莆田舉人，康熙二十年任定南知縣。　賴用楫，本邑貢生，曾任安義縣訓導。

清康熙二十二年（1683）刻本　存

光緒《江西通志》藝文略：《定南縣志》康熙二十年知縣林詵孕修。

《中國地方志聯合目錄》。

【按】本志係康熙二十年知縣林詵孕主修。其體例本順治祝志而略有變易，分九門六十八子目，約六萬餘言。有康熙二十二年刻本，今存。

## 〔乾隆〕定南廳志七卷

黃汝源　朱昕等修　劉霖纂黃汝源，美江人，監生，乾隆三十八年知定南廳事。　　朱昕，號闇齋，永北廳舉人，乾隆四十三年署定南廳同知。　　劉霖，南昌舉人，乾隆三十九年任定南教諭。

清乾隆四十四年（1779）刻本　存

光緒《江西通志》藝文略：《定南廳志》乾隆四十四年同知朱昕修。

《中國地方志聯合目錄》。

劉霖序廳志缺略，幾百年矣。甲午，霖奉文司鐸廳學，下車伊始，祗謁分府黃公，問時事外，即諄諄以志乘相商榷。蓋是時黃公遵行憲令，集議勸輸，約有成數矣。未幾，以擢舉遷不果。厥後二三君子來蒞斯土者，非無切切任事之意，而或遷移未定，久暫無常，兼以經費尚詘，慮終圖始，四五年來卒無成事。戊戌秋，齋朱公以承明著作之才，奏循良卓異之績，剡章上達，簡命來茲……又念志事未成，洵為缺典，柬諭紳士總計捐輸，因地制宜，務為撙節，慎選廳士方正而能文者孝廉黃君吉芬、明經鄭君文翔、黃君卷、廳庠謬君蓉同霖備分輯之役，而僉議以公總其成。己亥四月開局，一切凜受指意，提綱振目，別類分門，博采舊聞，網羅放失，匝月稿就……（乾隆四十四年）

【按】乾隆三十八年，定南改縣為廳，黃汝源知廳事，遵行

憲令，倡修廳志。未幾，黃以擢遷去，其事未成。遷延四五年，至乾隆四十四年乙亥，朱昕署廳同知，重開志局，復委劉霖等分輯編纂，「匝月稿就」，遂付剞劂。劉霖、朱昕各有序記斯役顛末。本志之修，以康熙林諼孕為書據。康熙二十二年以前之事多襲用林志而有所刪訂。其凡例云：「舊志作於國朝康熙二十年，迄今將百年矣。重複纂修，其間應有避忌及不經字句，輒為訂正刪改。至於有先後者，轉易之舛誤者，更定之；缺者補之，煩者芟之，疑者闕之，其無容改易者因之，並按照郡邑各志悉心配議，分門依類，條其大綱，刊其細目，不繁不漏，庶使觀者得所考鏡云。」本志七卷，分為星野、建置、疆域、公宇、貢賦、學校、壇廟、秩官、選舉、人物、列女、風俗、物產、軍政、祥異、藝文十六類。

## 〔道光〕定南廳志八卷

諸吉祥　丁春林　宋思濂修　黃錫光等纂諸吉祥，會稽人，道光元年任定南廳護理。　　丁春林，歸安人，道光三年定南廳護理。　　宋思濂，吳縣人，道光四年定南廳同知。　　黃錫光，邑人，增生。

清道光五年（1826）刻本　存

光緒《江西通志》藝文略：《定南廳志》八卷道光五年同知賴勳修。

《中國地方志聯合目錄》。

賴勳序道光元年，護理廳事諸公吉祥倡修，未竟。三年，丁公春林踵其事。至四年，署廳宋公思濂接修，至五年而志成。余適重攝寧都州事

定，紳士以志成，來請序於余。余竊思，餘未親是役，而耿耿不忘之志，乃藉數君子之力於茲一慰……（道光五年季冬月）

【按】本志之修，實始於道光元年護理廳事諸吉祥。據賴勳序稱：「嘉慶二十一年，余蒞治定南……余甫下車，綱紀粗定，念自乾隆四十四年修輯後，迄今將五十稔，其間宜增纂者又不勝屈指，方欲召集地方紳士而為是舉，旋奉委攝寧都州篆，嗣是兩督糧艘，三同考官，公事羈延，數年遂不果。道光元年護理廳事諸吉祥倡修，未竟。三年，丁公春林踵其事。至四年，署廳宋公思濂接修，至五年而志成。」光緒《通志》著錄本志為賴勳修，後人多因襲之，不確。據本志凡例，此修乃續乾隆四十四年廳志。「惟於繁者刪之，缺者補之，舛訛者訂正之，今昔殊異者釐定之，余悉仍其舊。」於前志有所增易者，如舊廳志無輿圖，此增入疆界、水道、城池、街衢諸圖；舊志形勢附於城池之下，此本另志形勢置於前；舊志兵寇附於祥異之後，此另立兵寇一條；又舊志人物多所混淆，此依類分別，等等。

## 〔同治〕定南廳志八卷首一卷

王言綸　王大枚　楊邦棟修　黃正琅等纂王言綸，字絲琴，湖北襄陽人，同治八年署定南廳同知。　　王大枚，字少相，湖北漢陽人，留江補用府定南廳同知，同治九年任。　　楊邦棟，字杲溪，陝西富平人，同治十年署定南廳同知。　　黃正琅，本廳增生。

清同治十一年（1872）刻本　存

《中國地方志聯合目錄》。

楊邦棟序定志自道光五年重修後，閱今數十春秋矣。其間事實人

物，宜搜輯以繼曩編者，日積愈多。同治八年秋，適奉中丞劉札重修江西通志，各府廳州縣志咸以例應匯纂，以備閱核。越明年二月，前署廳王公言綸開局倡修，簽黃生正琅……等共襄厥事。甫就緒而王公謝事去。前丞王公枚繼之，席未暖，復去。雖稿初告成，而經費無措，功虞一簣之虧。辛未仲秋，余來攝斯篆，下車伊始，即進黃生等與之往復商榷，設法集費，公餘時加詮次，補缺訂訛，頗殫心力，於是向云苦束手者竟克幸觀厥成……

【按】同治八年，中丞劉坤一飭令各郡縣修志，以備重修《江西通志》之需。定南廳署廳王言綸於同治九年倡修廳志，屬邑生黃正琅等纂輯。次年，王氏謝事去，繼任同知王大枚接修之，志稿初成，王大枚復去。繼任楊邦棟再加詮次訂補，並籌資付梓，於同治十一年刊竣。楊氏有序言斯役始末甚詳。本志體例，一仍道光廳志之舊，內容亦大都因襲前書，間有增續，均依類附入。然其「秩官」，「同知」一目僅記至道光五年宋思濂，「選舉」亦止於道光，凡此皆因襲前志而未加續補。

▶ **大余**

北宋淳化初，以大庚縣置南安軍，元為南安路，明為南安府。宋大中祥符間，即有《（南安軍）圖經》，後又有佚名《（南安軍）圖經》、方松卿淳熙《南安志》、佚名《南安志》。宋元之際，邑人黃文傑私纂郡志一編。明以前南安郡志之可知者僅此數種。明初嘗修府志，見引諸《永樂大典》。此後景泰郡人蔡雲翰、成化知府張弻、正德郡守季、嘉靖元年郡守何文邦、十五年郡守陳健均有續纂。入清以來，府志五修，一康熙十二年

知府李世昌本，一康熙四十九年知府陳奕禧本，一乾隆三十三年知府蔣有道本，一同治七年知府黃鳴珂本，一光緒元年知府楊補正本。宋、元南安府志俱亡，明修本僅存嘉靖十五年陳志。清修五種，原刻本皆存。

南安郡治大庚縣，清以前縣志無從考稽。清有佚名康熙四十年修本、乾隆十三年知縣余光璧修本、乾隆三十二年佚名修本，道光三年知縣石家紹修本、咸豐元年南安知府汪報閏續修本、同治十三年知縣陳蔭昌修本。又民國八年署縣令吳寶炬亦主修縣志。今存乾隆十三年志、咸豐元年續志、同治十三年志及民國縣志四種。

大庚縣，本漢豫章郡南野縣地，隋平陳，省南野縣入南康縣。唐神龍元年，析南康置大庚縣，縣有台嶺山，形似廩庚，故以名大庚山，因山以名縣，屬虔州。宋淳化元年置南安軍，領大庚、南康、上猶三縣，治大庚。元改南安路，領縣如宋，治大庚。明改南安府，領大庚、南康、上猶、崇義四縣，治大庚。清仍明。一九五七年改大庚為大余。

# 〔祥符〕（南安軍）圖經

李宗諤等修李守諤，字昌武，饒陽人，進士，官起居舍人，真宗時累拜右諫議大夫。

宋大中祥符間修本　佚

《輿地紀勝》卷三十六，南安軍，景物下九日嶺，引《祥符經》一條。

《永樂大典》卷七五一六，十八陽，倉軍倉（《南安郡志》）；卷八〇九三，十九庚城，南安府城（《南安志》）；引《祥符經》兩條。

《中國古方志考》：《祥符（南安軍）圖經》宋，佚。

《江西古志考》卷九。

【按】《輿地紀勝》《永樂大典》（轉錄）存《祥符經》佚文三條。據《紀勝》「九日嶺」條引此經曰：「在南康縣北，蓋縣治之主山。」《宋史·地理地》載，北宋淳化元年，以虔州大庚縣置南安軍，南康縣自虔州來屬，知此《祥符經》所志南安軍。該書係北宋大中祥符間李宗諤主修之《州縣圖經》之一種。現今可考之南安郡志，以是書最早，此前所修本未聞。

## 〔宋〕（南安軍）圖經

佚名修纂

宋修本　佚

《輿地紀勝》卷三十六，南安軍，景物下大庚嶺、涼熱山涼熱水（二條）；人物二程先生、濂溪先生；引《圖經》四條。

《中國古方志考》《（南安軍）圖經》佚。

《江西古方志考》卷九：《（南安軍）圖經》宋，佚卷數，撰人。按：張國淦氏曰：「此《圖經》有二程先生，知非祥符《圖經》。」程頤卒於大觀元年，知此《圖經》修於大觀以後，南宋嘉定以前。

## 〔淳熙〕南安志二十卷補遺一卷

方崧卿修　許開纂方崧卿，字秀申，蒲田人，進士，淳熙十一年知南安軍。　　許開，乾道間任南安軍教授。

宋淳熙間修本　佚

《輿地紀勝》卷三十六，南安軍，風俗形勝橫浦有關；古跡陳藩子孫墓；官吏嚴肅、都潔、李聞之；人物何大正；詩英江今日掌刑

回；引《南安志》七條。

《明一統志》卷五十九，南安府，形勝橫浦有關；陵墓陳氏墓；引《舊志》二條。

《宋史藝文志》史部地理類：許開《南安志》二十卷。

《直齋書錄解題目》卷八：《南安志》二十卷太守方崧卿、教授許開修。

《文獻通考經籍考》卷三十二：《南安志》二十卷補遺一卷。

光緒《江西通志》藝文略。

《中國古方志考》。

《江西古志考》卷九。

【按】《紀勝》引《南安志》佚文諸條，《中國古方志考》定為宋淳熙方崧卿、許開修本，可從。《明一統志》南安府，陵墓，「陳氏墓」引《舊志》一條，張國淦氏別作一種著錄，似不確。今考《紀勝》「陳藩子孫墓」條引《南安志》有：「《南安志》以為或者仲舉（陳蕃字）友人朱伯厚之徒為之收葬歟。」按《太平御覽》《寰宇記》《紀勝》所引《南康記》記陳蕃子孫墓事，俱不言朱伯厚收葬陳氏之事，唯《明一統志》所引《舊志》載之，曰：「蕃友人朱伯厚輩為取葬之。」此《舊志》疑係淳熙《南安志》。今不另行著錄。

## 南安志三冊

佚名修纂

修纂年不詳　佚

《永樂大典》卷二〇六四，七皆，台仙跡台；卷八〇九三，

十九庚，城南康故城、南康古縣城、南安縣城、益漿城、南安府城；卷一三一四〇，一送，夢夢松三尺；卷一八二二四，十八漾，像五神像；引《南安志》八條。

《文淵閣書目》卷四，舊志：《南安志》三冊。

《中國古方志考》：《南安府志》宋，佚。

《江西古志考》卷九。

【按】據本志輯文「仙跡台」記大庚縣，「南康故城」條記南康縣，「益漿城」條記上猶縣，所志合郡事，知係南康郡乘。又「南安府城」條佚文曰：「咸淳四年，郡守趙公孟蕗始至」，則又非宋淳熙修本可知。（參見元黃文傑《南安郡志》考說）

## 〔大德〕南安郡志

黃文傑纂黃文傑，字顯明，上猶人，大德間任安遠教諭，著有《大學中庸雙說》《黃氏文獻稿》。

元大德間修本　佚

《永樂大典》卷七五一〇，十八陽，倉社倉；卷七五一六，十八陽，倉軍倉；引《南安郡志》兩條。

《中國古方志考》：《南安郡志》元，佚。

《江西古志考》卷九。

【按】《大典》引《南安郡志》兩條，佚文俱記宋咸淳間人事。咸淳已屆南宋季世，似非宋人所記。此文蓋出自元大德間黃文傑所修郡志。又，上錄佚名《南安志》佚文見引於《大典》者，其「南安府城」條亦載咸淳間事，頗疑亦出自本志。以終無確據，且《大典》所引題稱略異，姑分別錄之，存疑俟考。又張

國淦氏既分錄為二志，卻歸《大典》所引《南安郡志》佚文於《南安志》，今不從。又張氏斷前錄《南安志》為宋志，不詳所據。又，黃文傑纂述志乘之事，明嘉靖《上猶縣志》吳鎬序略有說。吳序稱黃氏所修縣志「嘗為創稿」，知係私家纂輯。黃氏所纂郡志亦然。該志是否付梓，則不詳。（參見嘉靖吳鎬《上猶縣志》考說）

〔明〕南安府志

佚名修纂

明修本　佚

《永樂大典》卷三五二七，九真，門室門；卷七二三六，十八陽，堂三賢堂；卷七五一四，十八陽，倉大備倉；卷九七六三，二十二覃，岩月岩；引《南安府志》四條。

《文淵閣書目》新志：《南安府志》。

《江西古志考》卷九。

【按】《永樂大典》引《南安府志》佚文四條，所引題稱「府志」，又《大典》「大備倉」條引其佚文曰：「在府治西」，知係明初修本，即《文淵閣書目》新志所錄《南安府志》。然嘉靖間劉節述南安郡乘源流，明初所修未曾言及，只從景泰蔡志提起，不知何故。或是時本志已湮沒無傳，亦未可知也。

〔景泰〕南安府志

蔡雲翰纂蔡雲翰，本名蒲，字九節，大庾人，宣德五年進士，曾任福建按察司僉事。

明景泰間修本　佚

光緒《江西通志》藝文略：《南安府志》景泰間蔡雲翰修。

【按】明嘉靖十五年府志劉節序曰：「我文皇帝闡文興治，《大典》肇修，天下作志者收輯殘闕，始有纂述。睿皇帝右文稽古，命儒臣作《一統志》，布之天下，天下郡邑纂言紀事，文同制同。是故斯志也，景泰間郡人僉憲蔡公雲翰嘗修之。」景泰間，蔡雲翰修志之事，劉序言之未詳，乾隆府志卷十二，文苑亦載「蔡雲翰與朱同修郡志」，茲謹據錄之。

## 〔成化〕南安府志

張弼修張弼，字汝弼，華亭人，進士，成化間為南安府知府。

明成化間修本　佚

【按】本志未見著錄。據嘉靖十五年府志劉節序，曰：「猶夫志也，成化間郡守張公弼增修之。」所謂「增修」者，乃據前志（景泰蔡志）增續也。其卷帙篇目，今已不詳。

## 〔正德〕南安府志

季斅修　曾燠等纂季斅，字彥文，里安人，進士，正德間任南安知府。　曾燠，吉水人。

明正德間修本　佚

【按】未見著錄。嘉靖十五年府志劉節序曰：「正德間郡守季公斅重修之，聘藩參吉水曾公燠、鄉進士泰和劉君潛總修，學官弟子劉魁、劉慎、劉宰、彭甫、蔣曰旦、蔡日齊、隱士許金採錄。」據此，正德間郡守季氏又重修郡志。季氏任南安府知府在

正德何年，已不詳，故本志成書確年難考。光緒《江西通志》藝文略未錄季氏志，卻錄有「正德間知府何文邦修」《南安府志》一種。今按：何文邦任南安知府在季氏之後，年月舊志失載。然何氏取正德季志「筆削之」，在「嘉靖改元」，即嘉靖元年。何志另成一書，劉節序言之甚明。不當與季志混淆為一。（參見嘉靖元年《南安府志》考說）

## 〔嘉靖〕南安府志[1]

何文邦修　秦銳纂何文邦，字獻卿，南海人，進士，正德至嘉靖間任南安知府。　　秦銳，象州舉人，正德至嘉靖間任府學教授。

明嘉靖元年（1522）刻本　佚

光緒《江西通志》藝文略：《南安府》志正德間知府何文邦修。

【按】據嘉靖十五年府志劉節序，「嘉靖改元，郡守何公文邦取（指正德間季 所修府志）而筆削之，於國史固有取焉，較正則屬之郡博士秦銳也」。知此志本之正德季志有所損益校訂而成。志纂於「嘉靖改元」，即嘉靖元年也。其後十餘年，又有劉節等年修《南安府志》，劉書出而季、何兩志則湮沒不彰矣，故至清時志家已鮮有言及。

## 〔嘉靖〕南安府志[2] 三十五卷

陳健修　劉節纂陳健，字時乾，同安人，進士，嘉靖十四年任南安知府。　　劉節，字介夫，大庾縣人，進士，累官至山東巡撫，編纂有《廣文選》《兩漢六朝文藪》等書。

明嘉靖十五年（1536）刻本　存

光緒《江西通志》藝文略：《南安府志》<sub></sub>嘉靖十四年知府陳健修。

《中國地方志聯合目錄》。

劉節序<sub></sub>此南安重修郡志也……南安郡志，作自前古不可考矣。宋知軍事方崧卿氏，軍學教授許開氏修之，卷二十，拾遺卷一，今亦不可考矣。我文皇帝闡文興治，《大典》肇修，天下作志者收輯殘缺，始有纂述。睿皇帝右文稽古，命儒臣作一統志，布之天下，天下郡邑纂言紀事，文同制同，孰敢倍越。是故斯志也，景泰間郡人僉憲蔡公雲翰嘗修之；猶夫志也，成化間郡守張公弼增修之；猶夫志也，正德間郡守季公斆重修之，聘參藩吉水曾公燠、鄉進士泰和劉君濤總修，學官弟子劉魁、劉慎、劉宰、彭甫、蔣曰旦、蔡日齊、隱士許金採錄；猶夫志也，嘉靖改元，郡守何公文邦取而筆削之，於史固有取焉，校正則屬之郡博士秦銳也……

【按】本志係南安知府陳健聘劉節修纂，係嘉靖初何文邦府志之重修本。劉節序稱，在本志修纂之前十餘年，有何文邦據正德季斆修本「筆削」而成之郡志，劉氏以為「未善」（見劉序）而重加纂輯。全書志南安府所轄大庚、南康、上猶、崇義四縣，共三十五卷。卷一世曆紀；卷二至關門為沿革、秩官、選舉三表；卷七至卷二十五為天文、地理、禮樂、秩祀、職制、榮遇、建置、經略、食貨、利澤、崇表，藝文十二志，其中地理志、秩祀志、崇表志各為兩卷，建置志四卷，藝文志二十二卷，其餘各一卷；卷二十六至三十五為宦跡、流寓、人物、雜傳四傳。宦跡傳、人物傳各四卷，流寓傳、雜傳均為一卷。有嘉靖十五年刻本，是現存南安府志之最早刊本。

〔康熙〕南安府志[1] 十五卷

　　李世昌修<sub>李世昌，字奕侯，遼東人，蔭生，康熙九年任南安知府。</sub>

　　清康熙十二年（1673）修本　未見

　　清抄本　存

　　《中國地方志聯合目錄》。

　　【按】本志係入清以來南安府志之首修本，為康熙十二年知府李世昌主修。據康熙四十九年府志郎廷極序稱：「南安郡之志，自丙辰（按指康熙十五年丙辰）兵燹，蕩毀無遺，三十年以來抱殘守缺，竟無過而問焉者。」此云「三十年以來」，即指本志修纂以來。其時，清廷詔修《大清一統志》，命天下郡縣纂輯志乘，本志應命而修。全書十五卷，分曆考、天文、地輿、賦役、建置、禮樂、事考、秩官、宦績、人物、科名十一紀，下隸子目一百四十八。科目雖繁，然記載簡略。又據康熙四十九年府志董永芟序曰：「南安止於鈔本，亦天啟以前志也，且多殘缺。」遲維璽序亦云：「曰匪無志也，兵燹焉，闕如矣。無已則斷簡殘篇，猶有存者，於是得鈔本六，余方珍之，以為吉光片羽，或用是可掇拾而補輯之也。迨披閱一過，承訛襲舛，遺漏滋多。征諸詩文記序，至蕩然無隻字可考，以是云志猶弗志也。」則三十餘年後，董、遲諸人所見為鈔本，則有缺殘。本志康熙鈔本今猶存，藏於北京圖書館。

〔康熙〕南安府志[2] 二十卷

　　陳奕禧　遲維璽修　劉文友等纂<sub>陳奕禧，字六兼，號香泉，海寧人，監生，康熙四十七年任南安知府。　遲維璽，字荊山，廣寧人，</sub>

監生，康熙四十七年任南安府丞。次年攝郡篆。　　劉文友，字冰　，宣城人，廩生。

清康熙四十九年（1710）刻本　存

光緒《江西通志》藝文略：《南安府志》二十卷康熙四十九年知府陳奕禧倡修，同知遲維璽續成。

《中國地方志聯合目錄》。

遲維璽序海寧陳公香泉來守是邦，重慨厥志之久闕，取鈔本手自點竄，並聚諸郡古志與夫凡可取證郡事之書，屬江左文學劉君冰涯考輯纂述，將鏤板以示方來，可不謂盛事歟。乃僅兩閱月而陳公即世，志至是不復果修，有心者來嘗不為之重惜也。余時方至自洪都，適奉檄綰兼郡篆，丞索所纂述詳閱之，不禁喟然歎興，曰：「是書之成，余有志焉，而未之逮也。今茲既條分縷析，大綱井然矣，雖所成止四三帙，而事詳而確，詞典而雅已，居然為若郡善志，余忍令厥緒以半塗隳乎？」遂力止劉君，相與參互考訂，理其敘事，正其謬誤，蕪者芟，漏者補，有疑焉寧闕以俟後，復屬郡之紳士博采旁搜，舉明萬曆以降之忠義節孝高人偉士與夫藝文之有關郡事者，靡不綱羅收錄，用垂不朽，凡為志十有二，為卷有二十，歷八月許始竣事，入刻又兩月，刻始告成……（康熙庚寅歲）

【按】康熙四十八年，南安知府陳奕禧舉修郡志，聘江左文學劉文友主纂。此修據康熙十二年李世昌志鈔本，「並聚諸郡古志與夫凡可取證郡事之書」，考輯纂述。僅兩閱月而陳氏去世，志稿「所成止四三帙」。遲維璽攝郡篆，接修之，仍委劉文友主事，「相互參互考訂，理其敘事，正其謬誤、蕪者芟，漏者補，有疑者寧闕以俟後」，歷八月志稿成，又兩月刊竣。遲氏有序述斯役顛末頗詳。本志凡二十卷，有十二分志，即天文、地輿、建

置、賦役、職官、選舉、祠祀、宦績、人物、名勝、事考、藝文。門目分劃較此前劉世昌志有所變更，如省禮樂志，將有關內容歸併入祠祀志。人物志原方伎、仙釋二目刪去，將所志人物依類分八目，體例較舊志更為合理。又舊志「詩文記序，至蕩然無隻字可考」，本志搜羅補輯，置之藝文志。至如舊志記事疏略舛訛處，亦往往有增補勘訂。

## 〔乾隆〕南安府志二十二卷

蔣有道　朱文佩修　史珥纂蔣有道，字賡颺，號訥庵，鑲紅旗漢軍舉人，乾隆三十二年由饒州府同知署南安知府。　　朱文佩，字振揚，順天大興人，監生，由建昌府運判升任南安府同知。　　史珥，字彙江，鄱陽人，進士，翰林院庶起士改補吏部文選驗封司主事。

清乾隆三十三年（1768）刻本　存

清道光十七年（1837）重刻本　存

光緒《江西通志》藝文略：《南安府志》二十二卷乾隆三十三年知府蔣有道修。

《中國地方志聯合目錄》。

蔣有道序余去歲冬承檄檄署郡事，首得披閱郡志，已歎其燕。既而四邑各以新志至，庚較可觀，康、猶淆雜，而崇尤甚。大率爰今人輕改舊作，所增益多不當人意。而郡志明代所抄，香泉所定，皆無跡可尋。欲考信而靡從，獨幸《明一統》《名勝》二志尚存耳，取以互校，始知郡邑志不獨諸傳刪改殆盡，即山川名號亦有更張……亟欲重輯郡志，商諸庚、康、猶三令尹，欣然襄事，各捐百金為資……以四月下澣啟局於南康旭升書院，逾月稿本粗定，又五旬剞工亦畢……（乾隆三十三年）

【按】本志修成於乾隆三十三年，主修知府蔣有道有序言其首末。此修乃在康熙陳、遲府志基礎上之增續，蔣序稱：「是役也，義主乎整齊舊聞，而新錄尤不敢忽，年遠慮其湮也，亟增之；時近慮其淆也，慎擇之，即前志所載，亦必細加考核。」全志二十二卷，卷一圖、星野、沿革、疆域；卷二山川；卷三城池、公署、倉庾；卷四廟學、典禮；卷五典祀、水利、津梁；卷六賦役、古跡、寺觀；卷七、八秩官、武秩；卷九、十選舉；卷十一名宦，寓賢；卷十二宦跡、儒林、死事、文苑、隱逸；卷十三武略、質行、列女；卷十四至二十一藝文；卷二十二事考、祥異、別志。有乾隆三十三年刻本。又道光十七年，知府雷樹清命訓導許朝仰對本志勘校後重刊，原刻及重刊本俱存。

## 〔同治〕南安府志三十二卷首一卷

黃鳴珂修　石景芳　徐福炘纂黃鳴珂，字印山，貴州安平舉人，同治元年任南安知府，同年調署吉安府，三年八月復任。　石景芬，號芸齋，樂平人，進士，官至欽加按察使銜安徽寧池太廣兵備道。　徐福炘，字晴軒，浙江烏程人，附貢，同知銜候選通判。

清同治七年（1868）刻本　存

《中國地方志聯合目錄》。

黃鳴珂序丙寅冬，余志友樂平石芸齋廉訪遊粵歸，信宿郡齋，時道源書院裁落成，經費亦將籌具，爰訂主講並謀重修郡志……春日亟來，乃延至丁卯秋九月始至，不三月而蕆役，匆匆求去，其自序云：續百年來未修之新書，循三月告成之舊例，蓋紀實也。閱其草稿，凡舊志所載，漏者補之，訛者正之，精卓者仍之，泛涉者芟之，頗覺典核，第各局採訪事實

率未詳具到府。既無憑增纂，且尚未鈔錄成帙，裒輯編次，其應立傳者，但以節略為據，初未選言綴事按實而書。至其所已纂修者，率亦就舊志原本手自點竄，略施丹墨，似猶未竭秉筆荷擔之勞，而不能遽壽棗梨也。無已，復捐二百金，聘烏程明經徐晴軒別駕重為釐訂，逐卷編錄，按帙送核，手自裁定，依次鋟板，以閏四月中旬開雕，又十一閏月剞劂工竣……（同治七年）

【按】同治六年秋，南安知府黃鳴珂主修郡志，聘樂平石景芳主纂事，未及三月而蕆役，此乃取郡縣志稍事整理，尚未增輯近事。石氏離去，黃鳴珂復聘徐福炘「重為釐訂，逐卷編錄，按帙送核，手自裁定，依次鋟板」，至同治七年刊竣，其事黃氏自序言之甚詳。本志係乾隆三十三年府志之續編，體例沿舊志，少有更易，所補乾隆志以後之事，大抵據各屬邑所輯新志。有同治七年刻本。

## 〔光緒〕南安府志補正十二卷首一卷

楊諄修楊諄，江蘇鎮洋人，進士，同治九年任南安知府。

清光緒元年（1875）刻本　存

《中國地方聯合目錄》。

楊諄序大憲檄取續編以供通志之採擇。自黃志至於今，相去僅六年，續之似易易耳，而余謂其重且難也……勉其難而增輯之，事惟求是，詞不尚華，黃志間有沿訛，即據各邑新志所載量為補正……（光緒元年）

【按】本志係對同治黃志之續補訂正，體例一乃前志之舊，略增二三子目而已，記事續至光緒元年，於黃志舛誤處，有所補訂。補續資料，多取自各屬邑新志，如其凡例云：「兵燹之後，

文獻無徵，採訪罔應，茲第從各邑新志所載量為補輯。」

## 〔康熙〕大庾縣志

佚名修纂

清康熙四十年（1701）修本　佚

【按】本志未見著錄。據乾隆十三年《南安府大庾縣志》游紹安序：「庾為府領袖邑，屏江西而通五嶺，縣志失修四十有八稔。」可知在乾隆十三年縣志之前四十八年，即康熙四十年，修有《大庾縣志》，修纂者不詳。〔按：康熙三十二至四十五年大庾知縣為楊允中（鑲蘭旗人，歲貢）。本志不知是否為楊氏所修。〕又，是志至乾隆十三年邑令余光璧修志時尚存，余氏序謂「惜其考核未精，紀載未備，傳抄脫錯，幾同斷簡殘篇，不堪入目」。則余氏所見為鈔本。此後未見有人言及。本志係大庾邑乘可考之最早修本。此前所修已無從考稽。

## 〔乾隆〕南安府大庾縣志二十卷首一卷

余光璧修余光璧，字懼瑕，莆田舉人，乾隆六年任大庾知縣。

清乾隆十三年（1748）刻本　存

光緒《江西通志》藝文略：《大庾縣志》二十卷乾隆十三年知縣余光璧修。

《中國地方志聯合目錄》。

余光璧序曰奉此書以為程，於茲七年矣，惜其考核未精，紀載未備，傳抄脫錯，幾同斷簡殘篇，不堪入目，因鏊其失，訂其訛，增其所應有，益其所未及，勒成全書以付梓……（乾隆十三年）

【按】余光璧序稱「日奉此書」之「書」，指康熙四十年縣志鈔本，知此修係對康熙縣志校訂補續而成。全書二十卷首一卷，卷首為序、目、凡例、圖。正文有天文志一卷，地輿志三卷、建置志三卷、職官志兩卷，藝文志六卷，其餘禮樂志、賦役志、選舉志、人物志、雜事志各一卷。本志刊成於乾隆十三年冬，原刻本今存。

## 〔乾隆〕大庾縣志

佚名修纂

清乾隆三十二年（1768）修本　佚

【按】未見著錄。據乾隆三十三年《南安府志》蔣有道序：「余去歲冬，承檄署郡事，首得披閱郡志，已歎其蕪。既而四邑各以新志至，庾較可觀，康猶淆雜，而崇尤甚。大率爰今人輕改舊作，所增益多不當人意。」蔣氏署南安知府在乾隆三十二年，其時「四邑各以新志至」，大庾「新志」當修成於是年。此事僅見蔣氏言及，然其語焉不詳。本志距余光璧所修不到二十年，蓋本之餘志而有所增改。

## 〔道光〕（大庾縣志）續草一冊

石家紹修石家紹，字瑤辰，山西翼城人，嘉慶乙卯舉人，道光壬午進士，道光三年署大庾縣事。

清道光初稿本　佚

【按】本志未見著錄。據咸豐元年《大庾縣志》汪報閏序：「道光初年，有石家紹明府曾編輯續草一冊尚存，堪為依據。」

知道光初邑令石家紹曾續修縣志，汪序稱之「續草一冊」。今據以著錄。至咸豐初汪報闓所纂《續志》，即據是本加以補輯。汪氏《續志》刊行後。本志隨即湮沒，故鮮見有人言及。

## 〔咸豐〕大庾縣續志二卷

汪報闓等修　譚習篆等纂汪報闓，字桐階，江南山陽人，以恩蔭補官南安知府。　　譚習篆，邑貢生。

清咸豐元年（1851）刻本　存

光緒《江西通志》藝文略：《大庾縣志》二十卷續志二卷咸豐元年知府汪報闓修。

《中國地方志聯合目錄》：《〔咸豐〕大庾縣續志》二卷（清）□子瀟纂，清咸豐刻本。注：記事至咸豐元年。

汪報闓序余於庚戌孟夏來守南安，下車之始，即行取各屬志書以備省覽。惟大庾無以應，緣志板早毀於火，並舊刷亦無存者。當此文獻就湮，謂非守土者亟宜圖之乎。因商之邑宰及兩學廣文，搜求舊志。久之，始於故家子覓得一部，蓋已絕無而僅有矣。雖舊本不無殘闕模糊處，而大體具備，居然完書。惟溯自乾隆戊辰修志之後，迄今時逾百年，其間嘉言軼事，官舍既少文案可征，邑人又鮮紀事之作，今欲續志，仍如前志之綱舉目張不遺細末，勢所不能，猶幸道光初年有石家紹明府曾編輯續草一冊，尚存，堪為依據。至近今三十年，為時未久，邑人士尚能記憶考征者，因即就所見聞，復加採訪補纂，於石明府續草之次，共為續志二卷，與舊志各成一書，不使前後混淆，其舊志中闕誤處亦因仍之，不敢妄逞臆見，冀存真面目也……（咸豐元年初秋）

【按】本志修纂，知縣汪報闓自序言之甚詳。汪序所謂「舊

志」，即乾隆十三年余光璧志。據汪氏所言，此次修志有二事，一重刊乾隆十三年余志。重刊一仍原志之舊，既使有舛誤處，亦不改正。二以道光石家紹所修《續草》為依據，即就所見聞復加採訪補纂，續記至咸豐元年止，為《續志》二卷，另成一書。《續志》體例基本沿襲乾隆余志，記事較為簡略。

## 〔同治〕大庾縣志二十六卷首一卷

陳蔭昌修　石景芬等纂陳蔭昌，字穀齋，浙江錢塘人，監生，同治四年任大庾知縣。

清同治十三年（1874）刻本　存

《中國地方志聯合目錄》。

陳蔭昌序初無依據，嗣由省購得舊志全集，披閱一過，始悉乾隆中邑令余公光璧錄從府志中，加以己裁，規模始具。迨咸豐元年郡守汪公報閏續修二冊，各為一書。汪志距今未久，然而戶口之登耗，人文之微顯，習俗之改移，吏治之優絀，未可前後同觀。就今所見二志，余取備門類，汪僅繼增，雖無同異，具有得失……余鑒前失，每因公便親歷邊境，詳諮父老，故自繪輿圖，按十里一方，大略粗備，然終為幅限，仍多刪簡。茲役初延石芸齋觀察、徐晴軒別駕草創之，繼延之功山長仙舫學博續纂，先後數年，始成全稿，將以次付梓……（同治十年）

【按】本志由大庾縣令陳蔭昌主修，委石景芬等纂輯。陳氏「每因公便親歷邊境，詳諮父老，自繪輿圖」，先後數年，始成全稿，以次付梓，有同治十三年刊本。是志體例大抵承襲乾隆余光璧志，增續內容則多取咸豐汪報閏續志，並補入採訪所得資料。全志凡二十六卷首一卷。卷首序文、目錄、凡例、縣圖。縣

圖六幅多為新增，蓋陳序所謂「自繪輿圖」者也。正文分地理、建置、賦役、學校、禮樂、職官、選舉、人物、藝文、雜志、紀變錄諸門，子目八十。其中，藝文一門多達十卷，篇幅頗富。

## 〔民國〕大庾縣志十六卷

吳寶炬　薛雪修　劉人俊纂吳寶炬，字毅諳，湖北來鳳人，清拔貢，民國六年署大庾縣長。　薛雪，字夢梅，安徽宿邊人，清拔貢，民國八年署大庾縣長。　劉人俊，邑人，前清舉人，大挑廣西試知縣。

民國八年（1919）刻本　存

民國十二年（1923）鉛印本　存

《中國地方志聯合目錄》。

吳寶炬序而縣志之重修，更不容須臾後也，於是商之劉紳人俊……或擔任纂修，或擔任籌款，首由余捐廉提倡，從事設局，分途進行，諸紳悉熱心君子，昕夕不遑，罔辭勞瘁，不數月而脫稿矣。斟酌損益，燦然大備……仲夏，量移寧都之日，正大庾縣志告成之時……（民國八年）

【按】本志修於民國八年春，六閱月稿成，其時主修邑令吳寶炬量移寧都，繼任薛雪將志稿刊行。本志凡例稱：「庾志係清乾隆邑令余光璧手纂，暨咸豐郡守汪公報閏、同治郡守黃公鳴珂、邑令陳公蔭昌所續，此次修輯，原本是書，其間增損移易，考證確鑿，據事直書者增之，疑者闕之，不敢妄逞臆見。」知是志在同治縣志基礎上有所增刪改易。如舊志中有禮樂、學校兩門，此改為秩祀志、教育志。又地理志中新增交通、員警兩目等等。又據本志凡例：「是編始於春仲，竣於秋初，凡六閱月脫稿。本擬重新付梓，奈所費不貲，而又間存舊板，不得不斟酌參

用，其中原有台寫之處，似與現時體例不合，苦於無法移易，閱者諒之。」此係民國八年刻本。又有民國十二年鉛印本，署有「民國十二年春大庚知縣譚維駿督匠印刷」。

## ▶ 南康

　　清以前縣志，僅知有明嘉靖三十四年邑人劉昭文修本，是書今存。清朝縣志，康熙十三年有陳暉修本，四十九年有申毓來修本，乾隆十八年有鄧蘭、葛淳修本，三十二年有佚名修本，時郡守蔣有道《南安府志序》言之；道光三年有劉繩武修本，同治十一年有沈恩華修本。民國二十五年邱自芸主修一志。清修縣志康熙十三年志、乾隆三十三年志未見，其餘四種存，民國志亦存。此外光緒間楊宜撰纂《南康鄉土志》一書，本書不著錄。

　　後漢獻帝時，吳分南野立南安縣，屬廬陵郡。吳嘉禾中，南安縣屬廬陵南部都尉。晉太康元年更名南康郡，南康縣屬之。陳時改南康曰贛。隋太業初，贛復舊名南康。初屬虔州，後屬南康郡。唐屬虔州。宋淳化元年改屬南安軍。元屬南安路。明、清屬南安府。

## 〔嘉靖〕南康縣志十三卷

　　冼沂等修　劉昭文纂<small>冼沂，號竹潭，瓊州舉人，嘉靖間任南安府推官署南康縣事。</small>　<small>劉昭文，字汝簡，號雙峰，本邑進士，官至刑部陜西清吏司員外郎，著有《求正集》。</small>

　　明嘉靖三十四年（1535）刻本　存

　　光緒《江西通志》藝文略：《南康縣志》十三卷<small>嘉靖三十三年</small>

推官冼沂修。

《中國地方志聯合目錄》。

劉昭文序茲南埜為邑，自西漢始，乃漢事寥寥，雖唐之中葉，罔所記述，是以君子深憾焉。先是，郡推竹潭冼公視篆茲邑，欲稽往典而無從也，因歎邑無專志，匪以垂訓。謀曰將幣以成事屬余。余不敏，固謝不獲，乃夙夜殫心，平好惡，公取捨，旁搜載籍，而又兼聽乎故老野叟經生學子之談，其所根據大率惟新舊郡乘所志之邑事，而各以其類節之，為圖三，為卷十有三，為目四十……（嘉靖三十四年）

【按】本志係邑人劉昭文應郡推官冼沂之請修纂。此前，南康邑乘缺典，現今可考稽之志，莫先於此。據劉昭文自序，此修乃輯舊新郡志所載本邑事，以類節之，並搜訪載籍耆舊傳聞，「為卷十有三，為目四十有三」。卷一創縣始末、分野、疆域、形勝、山川、風俗；卷二里籍、戶口、田賦、土貢、課程、徭役、民兵、物產；卷三公署、學校、城池、坊巷，教場；卷四禮制、廟祠、壇土遺、儲恤、水利、橋樑；卷五職官；卷六選舉；卷七宦跡；卷八人物、孝子、貞節，卷九祥異、古跡、丘墓；卷十家牌法、鄉約；卷十一、十二藝文；卷十三寺觀。有嘉靖三十四年刻本，今存。

## 〔康熙〕南康縣志[1] 十二卷

陳暉修　王家拱等纂陳暉，字東升，閩縣舉人，康熙二年任南康知縣。　王家拱，邑人，府庠貢。

清康熙十三年（1674）刻本　闕

光緒《江西通志》藝文略：《南康縣志》十二卷康熙十三年知

縣陳暉修。

李世昌序南康陳令以其縣志十二卷貽予，乃陳令蒞事九年來，日與邑紳士所纂輯而參訂者。或本諸典章令甲之昭垂，或訪諸縉紳耆舊之聞見，旁逮荒碑稗乘，有美必登，無征不錄，日積月累，至於成書……（康熙十三年）

【按】本志修成於康熙十二年，知府李世昌、本志主修陳暉各有序記其事。陳氏之序云：「南康縣之有志，修於明嘉靖之甲寅，而毀於後丙戌之兵燹。康熙甲辰，暉奉命蒞茲土……急欲索舊志而覽之，奈原板已付劫火，藏本亦成冷灰。爰與諸紳衿共謀修輯，或錄之殘編，或詢之耆老，隨收隨入，凡九年而始得數帙，然其間紀事弗得其詳，敷文多過乎質，且疑信者相半，欲覓一名賢大儒，細加參核而後問世……矧一沖繁俗吏，偕三五書生參訂通邑百年之缺牒，其不為人所吹索也幾希，故未敢輕付棗梨。今幸皇圖一統，檄取天下郡縣志書纂修通志，誠大典也，遂將九年來諸紳士搜集各帙，復考諸郡志以綜其要，參之碑刻以訂其實，凡所損益，乃公同商酌至當，紀事寧詳毋略，敷文宜質毋華，信者傳信，疑者闕疑，編卷共十有二。」另據李序稱：「陳令蒞事九年來，日與邑紳所纂輯。」李序撰於康熙十三年夏，此本志刊竣之時。本志為現知清修南康縣志最早的一部，原本十二卷，今存八至十二卷，殘編藏北京圖書館。《中國地方志聯合目錄》失收。

## 〔康熙〕南康縣志² 十六卷

申毓來修　宋玉朗纂申毓來，字子巽，嘉定人，歲貢，鑲藍旗教

習，康熙四十四年任南康知縣。　宋玉朗，字碧山，吉安永豐人，貢生。

清康熙四十九年（1710）刻本　存

光緒《江西通志》藝文略：《南康縣志》康熙四十九年知縣申
毓來修。

《中國地方志聯合目錄》。

申毓來序遍奉憲府檄文，督修邑乘，爰搜從前舊志，得嘉靖間繕
本，重加訂次，復為網羅近事，遴集同志，矢公矢慎，經幾敲駁而後成
書……（康熙四十九年）

【按】本志係知縣申毓來奉憲府檄文舉修，申氏有序記其
事。本志實以康熙十二年陳志為本，兼取嘉靖志增補訂次乃成。
全書十六卷，分輿地、營建、賦役、職官、名宦、禮儀、選舉、
鄉賢、祥異、藝文十門，五十目。輿地志二卷、營建志三卷、藝
文志三卷，餘皆門各一卷。本志有康熙四十九年刻本，藏日本內
閣文庫。又有康熙間抄本殘卷，藏北京圖書館。

## 〔乾隆〕南康縣志[1] 十九卷首一卷

鄧蘭　葛淳修　陳之蘭纂鄧蘭，廣西永寧州舉人，乾隆九年任南
康知縣。　葛淳，字懷古，浙江秀水人，進士，乾隆十四年任南康知
縣。　陳之蘭，臨川縣儒學廩生。

清乾隆十八年（1753）刻本　存

光緒《江西通志》藝文略：《南康縣志》十九卷乾隆間知縣鄧
蘭、葛淳先後修。

《中國地方志聯合目錄》：《南康縣志》十九卷（清）鄧蘭修，
陳之蘭纂。清乾隆十八年刻本。

葛淳序今郡伯實公蒞任，教養有加，士習民風，蒸蒸日上，因念邑乘有關治道，每進淳而訓諭，使速成之。淳承斯命，不敢怠緩，見夫志之修已閱歲年，其當續為搜緝者，未易更僕數。前令鄧君旁徵博采，屬稿已定，前太守游公衡類折衷，潤色有加，業彬彬乎質有其文矣。因其未竟之緒，為之編次，旋集眾刀而鐫之。其視舊制即不敢謂變本而加歷，亦庶幾繼長而增高……（乾隆十八年）

【按】本志先後經兩任縣令鄧蘭、葛淳相繼主修，於乾隆十八年事竣。先是鄧氏「旁徵博采，屬稿已定」，前太守游紹安「衡類折衷、潤色有加」。至葛氏接修，「因其未竟之緒，為之編次，旋集眾力而鐫之」。葛淳有序略述其事。全志凡十九卷首一卷。卷首凡例、目次、繪圖；卷一星野、氣候、祥異、沿革、疆域、鄉里、形勝；卷二山川、風俗、物產、水利；卷三、四賦役；卷五城池、坊巷、學校；卷六公署、祀典、儲恤、卷七津梁、兵衛、武士、古跡、丘墓、寺觀、勅命；卷八封爵、賜封、秩官；卷九至卷十一選舉；卷十二名宦、人物、列女；卷十三至十八藝文；卷十九雜志。本志有乾隆十八年刻本，存。

〔乾隆〕南康縣志[2]

佚名修纂

清乾隆三十二年（1768）修本　佚

【按】未見著錄。乾隆三十三年《南安府志》蔣有道序曰：「余去歲冬承檄署郡事，首得披閱郡志，已歎其蕪，既而四邑各以新志至，庚較可觀，康、猶淆雜，而崇尤甚。大率爰今人輕改舊作，所增益多不當人意。」按蔣氏於乾隆三十二年署知南安府

事，四邑之新志呈府當在此年，知南康縣其時新修邑志。此修情況，蔣氏語焉未詳，後之書志家亦未見有人言及，更無著錄。茲謹據蔣序著錄，所不知者姑存之勿論。

## 〔道光〕南康縣志二十四卷首一卷

劉繩武　王雅南修　賴相棟纂劉繩武，字紹衣，灌縣舉人，嘉慶二十五年權知南康縣事，同年調任他職，越三年復署任南康知縣。　王雅南，西陽人，進士，道光三年任南康知縣。　賴相棟，本邑進士，曾署江蘇高郵知州。

清道光三年（1823）刻本　存

光緒《江西通志》藝文略：《南康縣志》二十四卷道光三年知縣劉繩武、王雅南先後修。

《中國地方志聯合目錄》。

賴相棟序道光二年壬午，欽奉上諭命儒臣修天下一統志，旋奉撫憲飭州縣各修志送省修通志，邑侯灌陽劉公、西陽王公先後倡率，勸諭諄諄，都人士爰集同事共襄盛舉，往跡仍乎前，繼起登於後，悉由前人舊章，未嘗更革，閱半載，重鐫告竣……

【按】本志係道光二年奉命舉修，主纂人賴相棟有序言斯役始末。賴序僅言「邑侯灌陽劉公（繩武）、西陽王公雅南先後倡率」。本志「續修職名」於「掌修」者亦僅列劉、王兩邑令。今按：道光二年，林寅白任邑令，林氏當始倡其事。據劉繩武序：「嘉慶庚辰秋，繩武權篆斯邑，已慨然有續修之志，瓜期迫近，弗逮也。道光癸未復署理來南，甫下車，適大憲徵志之檄至，因與邑之師儒耆宿謀，僉曰：是役也，前任林君寅白始其事而未

果，旋即卸篆去，君諄諄於此，吾儕亦有責焉，於是踴躍從事，襄茲盛舉，繩武捐廉以為之倡。」又劉繩武於道光三年二月再署知縣，七月調職，志稿已成，猶未付梓。王雅南繼任邑令，復加修葺而後刊印。本志體例大體承襲乾隆十八年志，卷目略有變易，如學校、列女各為一卷，藝文有八卷，依文體分類。雜志增為上、下兩卷。全書正文凡二十四卷，三十目。

## 〔同治〕南康縣志十四卷首一卷

沈恩華修　盧鼎峋纂沈恩華，江蘇吳縣人，進士，同治五年以候選知府知南康縣事。　盧鼎峋，本邑舉人，揀選知縣。

清同治十一年（1872）刻本　存

《中國地方志聯合目錄》。

張仲奇跋今上戊辰紀年，明府沈公恩華以吳進士侯南康。越三載庚午，報政成，集紳謀修邑乘，奉憲檄也。舉邑孝廉鼎峋盧君襄纂述事，不才亦謬膺聘焉……始事於庚午冬仲，蕆稿於辛未秋……

【按】本志係同治九年冬奉憲檄舉修，蕆稿於辛未（十年）秋，參纂者張仲奇有跋述其事頗詳。張跋略曰：「此志為圖十有一，附目二十有九，曰星野、曰疆域、曰山水、曰沿革、曰古跡、曰學校、曰壇廟、曰人物、曰選舉、曰秩官、曰兵制、曰藝文，則鼎峋盧先生實窮累月討論之功，詳雅一改前觀；曰城池、曰水利、曰物產、曰公署、曰寺觀、曰津梁、曰風俗、曰封爵、曰名宦、曰寓賢、曰武事、曰倉儲、曰祥異、曰雜志，則不才謬時管見與為序次者；曰列女、孝廉，劉君雲錦之初稿，邑訓導熊君聯珠增輯而筆定者也；曰壯潛編，義士烈婦名氏之詳明，則孝

廉安丙陳君之賢勞而侯所名也。」本志門目大抵仿道光縣志而略
有損益，依類釐為地理、建置、食貨、學校、武備、職官、選
舉、人物、藝文、雜志八門，凡十四卷，又有凡例、圖說一卷置
諸編首。又據張跋稱：本志「採用省郡邑志十有七部、史說記集
有三百餘種，事增舊什之三、文仍半舊之什，有過詳無故略，有
偏厚無任私」。資料較前志多有增益。

### 〔民國〕南康縣志二十四卷首一卷末一卷

邱自芸修　鄔榮治　郭選英纂邱自芸，湖北漢陽人，民國二十四
年任南康縣長。　　鄔榮治，江西省立贛縣中學教員。　　郭選英，兩江
優級師範畢業生。

民國二十五年（1936）鉛印本　存

《中國地方志聯合目錄》。

邱自芸序余於民國廿四年夏承乏斯邑，適上峰以修志相督促，而邦
人君子又以縣志自清同治十一年續修後，迄今已六十餘年⋯⋯於是徵聘邑
之縉紳數十輩相與商榷編撰，設局而綜其事焉⋯⋯經費枯窘，幾瀕停修，
雖余屢為籌墊，而始免中輟，然率賴縉紳之不以館穀系心，以纂修為職，
朝稽夕輯，寒暑不渝，故不期年而蕆其事焉⋯⋯（民國二十五年）

【按】此志係民國二十四年縣令邱自芸奉命修纂，「不期年
而蕆其事焉」。邱氏有序言此修始末。本志體制異於前修邑乘。
全書分兩編，第一編為地理、建置、食貨、學校、武備、職官、
選舉、人物、藝文、雜志、壯瀏十一門，門各一卷，首一卷（為
凡例、原序、歷修職名表）。是編體例沿同治縣志，資料亦沿用
前志之舊。第二編分地理、交通、黨政、賦役、地方財產、社

會、教育、宗教、實業、人物、藝文、武備、大事記十三門，門
各一卷，編首亦有一卷。是編記事起自民國元年，訖於二十四
年，所輯本縣民國以來史料頗富。有民國二十五年鉛印本，存。


## ▶ 上猶

上猶舊乘之修於清以前者，僅知有二本，一為元大德間邑人黃文傑所
修，一為明嘉靖三十二年知縣吳鎬所修，今皆不存。清有康熙十二年知縣
楊榮白奉檄重修；康熙二十二年知縣陳延紹踵輯之；三十六年知縣章振萼
復修之。又乾隆十五知縣方求義、李珥續有輯纂；乾隆三十二年又有佚名
修本；五十五年知縣賈文昭又續修之。道光三年知縣歐陽輯瑞奉檄修志，
其後知縣岑蓮乙續之；光緒七年知縣邱文光、葉滋瀾等又修之。清修縣
志，今存康熙二十二年志抄本、康熙三十六年本、乾隆十五年本、乾隆五
十二年本（有缺殘）、道光三年志抄本、光緒七年本及十九年補刻本。又
民國三十六年劉文淵主修縣志，稿成未刊行，志稿存。

五代後梁乾化元年，割南康西南地置上猶場。南唐保大十年，升為
縣，屬虔州。宋淳化元年，上猶縣改隸南康軍。嘉定四年，改名南安縣。
元至元十六改縣名永清。屬江西中書行省；明年復舊名上猶，仍隸南安
路。明屬南安府，清仍之。


## 〔大德〕上猶縣志

黃文傑纂黃文傑，字顯明，邑人，大德間任安遠教諭，著有《大學
中庸雙說》，纂《南安郡志》，又有《黃氏文獻稿》。

元大德間修本　佚

《中國古方志考》：《上猶縣志》元，佚。

《江西古志考》卷九。

【按】明嘉靖縣志吳鎬序曰：「詢於故老耆舊，咸謂存千百於十一，容或有之，僅存一帙，所載並前元大德間安遠教諭邑人黃文傑稿，惜無全書。」此是今見有關上猶邑乘纂修之最早記載。光緒縣志卷二十，人物，文苑有黃文傑傳，云：「黃文傑，字顯明，玉之裔也，有家學，嘗從學於道源山長黃異，宋亡不仕，大德間薦擢安遠教諭，尋辭歸，建祠祀先舉宋先正所定四禮，倡率邑中。所著有《大學中庸雙說》，仿許魯齋《直學》補定之，有《黃氏文獻稿》及郡縣志，今皆無存。」黃氏所纂《南安郡志》，本書有著錄。所纂縣志，即本志也。今所考定之上猶縣乘，未見有先於黃志者。吳鎬謂黃志「不過存十一於千百」，以其簡略也。吳氏是否見過本志，不得而知。吳序所言「蠹簡尚遺，傳聞僅得」者，亦不知是指黃志、抑或黃氏之後修本，今不敢強為之說。

## 〔嘉靖〕上猶縣志

吳鎬修　張朝臣　胡祥霽纂吳鎬，字宗周，號醴泉，安徽績溪舉人，嘉靖二十九年任上猶知縣。　張朝臣、胡祥霽，俱邑人。

明嘉靖三十二年（1553）刻本　佚

光緒《江西通志》藝文略：《上猶縣志》嘉靖三十二年知縣吳鎬修。

吳鎬序考之猶封，隋屬南康地，自唐而後裂土畫界，建治分理，稱古邑也，未嘗見志……詢於故老耆舊，咸謂存千百於十一，容或有之，僅

存一帙，所載並前元大德間安遠教諭邑人黃文傑稿，惜無全書……司教孫君實、沈君大禮，亦同道而孚志者。一日，率諸生而進言曰：稽古善俗，道莫辨於志，猶缺此志久矣，蠹簡尚遺於齊民，傳聞僅得於故老，失今不修，後復何及。予慨然曰：茲予責也，惟弗堪分任爾。僉曰：張生朝臣、胡生祥霽，文行可嘉，紀述其優為也。予從而特任之……不越月而志成矣……遂因典史姚世俊任視匠梓之，冀以傳之非朽也……（嘉靖三十二年癸丑一陽月望日）

【按】本志係明嘉靖三十二年邑令吳鎬所修。明修上猶邑志，可考者僅此一書。原書已佚。吳序尚存。序文言此前邑乘修纂，只提到元大德間黃文傑「嘗為創稿」，不及其餘。又，據吳序，本志修纂，有張朝臣，胡祥霽與其役，有刻本。是志亡佚時間不詳，據孫必達序清康熙三十六年縣志：「歷明二百八十餘年，操觚輯志者惟吳君一人而已，草創抄本，沈沒行篋。」似吳志曾以抄本行，至清康熙間已不復存在。

〔康熙〕上猶縣志[1]

楊榮白修楊榮白，字玉公，四川蓬溪舉人，康熙十一年任上猶知縣。

清康熙十二年（1673）稿本　未見

光緒《江西通志》藝文略：《上猶縣志》康熙十二年知縣楊榮白修。

楊榮白序白於壬子仲春筮仕猶封，即訪縣志閱之，而刀筆諸人俱以兵燹之後此書久付祖龍，是用快然。客冬，偶承憲檄，有纂志之令，蓋以達睿鑒而徵一統之規，事甚盛也。白乃訪諸耆舊，搜羅散篇，寧取其簡，

不取其繁，勉成一書，歷兩月而事始竣。（康熙十二年）

【按】本志乃康熙十一年冬知縣楊榮白奉憲檄修纂，次年春事竣。楊序撰於「康熙癸丑（十二年）孟春月」，當是志書纂成之時，又，本志存亡不詳，《中國地方志聯合目錄》未有著錄。康熙三十六年章振萼修縣志有序云：「特志乘未立，稽古無由，訪諸父老，尚有遺文可綴，不嫌殘篇蠹簡。」孫必達序亦云，章氏「公餘輒取志之殘缺者，參稽而訂定焉」。則此時楊志已殘缺。乾隆十五年縣志游紹安序曰：「顧何自楊至章，歷年未久，遽殘缺若是，是豈猶人不惜，或官吏嫉害已而去其籍，抑楊令未登於棗歟。」本志遽殘之原由，或如遊序所言，然則遊氏亦未曾見及本志矣。

## 〔康熙〕上猶縣志[2]

陳延縉修陳延縉，字靜園，浙江余姚貢生，康熙二十年任上猶知縣。

清康熙二十二年（1683）稿本　未見

清抄本　存

《中國地方志聯合目錄》：《上猶縣志》不分卷陳延縉纂修。清康熙二十二年修，抄本。

【按】本志之修，去康熙楊榮白志僅十年，主修為知縣陳延縉。是志不分卷，依類分十九門：形勝、世曆、沿革、疆域、山川、田糧、戶口、風俗、秩官、宦績、天文、地理、選舉、榮遇、人物、景物、仙釋、禮儀、雜志。本志於康熙二十二年修成，康熙三十六年章志凡例曰：「猶志自明嘉靖以來無續刻本，

國朝康熙癸丑、癸亥奉文纂修，亦未鏤版，抄本殘缺失次。」今存抄本，藏北京圖書館。

## 〔康熙〕上猶縣志[3] 十卷

章振蕚修章振蕚，字紫扶，號範山，浙江遂安進士，康熙三十一年任上猶知縣。

清康熙三十六年（1697）刻本　存

光緒《江西通志》藝文略：《上猶縣志》康熙三十六年知縣章振蕚修。

《中國地方志聯合目錄》。

孫必達序有明三百餘年，操觚輯志者惟吳令一人而已，惜猶未經剞劂，故先此者茨茨有漸亡之勢，後此者忠孝節義代有傳人，耳目之睹記何能久乎？迨我朝定鼎……歲在壬申，嚴陵章老父台下車，即以典行興教化為急務，首諮邑乘……退食之餘，於舊志之殘缺者參稽而訂正焉……（康熙三十六年）

【按】本志係康熙三十六年知縣章振蕚主修，其事略見章氏及孫必達序。據章序稱，此修「訪諸父老，綴其遺文，雖殘篇蠹簡，博采維周，絕壁窮崖，旁搜必及，自地輿以迄藝文，分為十卷」云云。

## 〔乾隆〕上猶縣志[1] 十三卷

方求義　李珥修　梁啟機纂方求義，字質夫，江南桐城拔貢，乾隆十二年任上猶知縣。　李珥，字君筆，山西靜樂舉人，乾隆十四年任上猶知縣。　梁啟機，號惠亭，泰和人。

清乾隆十五年（1750）刻本　存

光緒《江西通志》藝文略：《上猶縣志》乾隆間知縣方求義、李珥先後修。

《中國地方志聯合目錄》。

游紹安序《上猶縣志》成於前令章公振蕚，蓋康熙三十六年也，簡而核已。考志舊序，乃有嘉靖癸丑歲吳公鑰所葺。迨我朝康熙癸丑，楊公榮白重修，相距兩周甲矣。章公訂時，慨為草創抄本，蠹簡殘編，沉沒行篋，會當鼎革播遷，版本兵燹，固無足怪。顧何自楊至章，歷年未久，遽殘缺若是，是豈猶人不惜，或官吏惡害己而去其籍，抑楊令未登於棗歟。非章公，文獻不足久矣，孰從而徵之。然余尤惜其鋟乎未工，字多夾行小注，且自聖祖仁皇帝三十六年迄今，益見重熙累洽之盛，天道地實皆足以鼓吹休明，不僅人事而已也，倘不及時增訂，焉知後之視今，不猶今之視昔哉。桐城方君求義尹茲土，余亟與商，稽搜伊始，適制府黃公通檄兩江興修郡邑乘，並鼓勵是處紳士擘力剞劂，而方令以病假未竟厥功。靜樂李君珥署事，與余心協，首急斯務，率猶紳衿，兩月竣稿，殆知也已陳牒致政、冀速就俾得參考其間也。繼李治猶者為益陽李君都藩……（乾隆十五年）

【按】乾隆十四年，知縣方求義奉兩江制府黃公命舉修邑志，「爰延泰和梁惠亭先生操此一瓠」，辛卒業而方氏病甚，牒辭解組，梁氏亦以歲暮告歸，署縣李珥接修之，「閱兩月而稿成竣，乃請郡長遊公鑒正之」。李珥旋又調去，李都藩知縣事，乃付剞劂。方求義、李珥、游紹安均有序記其事。本志有乾隆十五年刻本，存。

〔乾隆〕上猶縣志²

佚名修纂

清乾隆三十二年（1786）修本　佚

【按】乾隆三十三年《南安府志》蔣有道序曰：「余去歲冬承檄署郡事，首得披閱郡志，已歎其蕪，既而四邑各以新志至，庚較可觀，康、猶淆雜，而崇尤甚。大率爰今人輕改舊作所增益，多不當人意。」據此，上猶縣於乾隆三十二年有修志之舉，且「新志」已呈之郡。此志未見後之書志家著錄。乾隆五十五年縣志賈文召序前修邑志，僅言「乾隆甲申（二十九年）邑大水，（舊志）版片已漂沒無存」，又言「則辛未（乾隆十六年）所更定者，距今幾四十年」云云，無一語及於乾隆三十二年縣志纂輯之事。然蔣有道序言此修事確鑿，未可沒之。茲謹據以著錄。

## 〔乾隆〕上猶縣志³ 二十卷

賈文召修　蔡泰均纂賈文召，字仲官，甘肅伏羌舉人，乾隆五十三年署上猶知縣。　蔡泰均，字平溥，號章湖，本邑進士，曾任工部主事、候補監察御史。

清乾隆五十五年（1790）刻本　闕

光緒《江西通志》藝文略：《上猶縣志》二十卷乾隆五十五年知縣賈文召修。

《中國地方志聯合目錄》。

賈文召序戊申秋，余奉檄攝優篆，即索閱邑乘，蓋欲考其山川風土典章文物利弊得失，以發余蒙，而示余以步趨也。既而促之至再，不果得。詰之，云：乾隆甲申邑大水，版片已漂沒無存矣，縉紳家或有藏本，

當徐購之。旬餘日，以殘編塞命，則辛末歲所更定者，距今幾四十年……乃於明年春之三月釀金而肇其事。越四月，餘屆瓜代……逾逾期月……而成是書……（乾隆五十四年）

【按】本志係乾隆五十五年知縣賈文召主修，本邑進士蔡泰均主其纂編，越四月稿成，而賈氏去，其繼任知縣黃宗祝付諸梓，以終其役。全志二十卷，分圖志、輿地、建置、官師、食貨、祠祀、禮樂、兵防、選舉、宦績、人物、雜志、藝文、凡十三門。有乾隆五十五年刻本，今僅見卷一至卷十三；卷十四至二十藝文志闕。

## 〔道光〕上猶縣志[1] 三十一卷

歐陽輯瑞修歐陽輯瑞，湖南舉人，道光三年任上猶知縣。

清道光三年（1823）修本　未見

清抄本　存

《中國地方志聯合目錄》。

【按】本志係道光三年知縣歐陽輯瑞修纂，今存抄本，藏臺灣故宮博物院，臺灣成文出版公司有影印本。影印本卷首無序，卷端亦未署修纂人，僅有「總目」一篇，「總目」字跡與正文不類，頗疑係後人抄配。全志凡三十一卷，分星野、沿革、形勢、城池、山川、水利、學校、公署、書院、田賦、風俗、土產、兵衛、武事、關津、驛鹽、古跡、封爵、秩官、選舉、名宦、人物、寓賢、列女、仙釋、方伎、祥異、祠廟、塋墓、寺觀、雜記三十一分志，各為一卷。其秩官卷知縣記至道光三年歐陽輯瑞任為止，知本志在歐陽輯瑞任內修成，是否付刊，則不得而知。

## 〔道光〕上猶縣志[2]

岑蓮乙修岑蓮乙，字藕舫，浙江慈溪人，由副榜得教職，道光二十五年任上猶知縣。

清道光間修本　未見

光緒《江西通志》藝文略：《上猶縣志》道光中知縣岑蓮乙修。

【按】本志僅見光緒《通志》著錄，所據不明。光緒縣志，岑蓮乙於「宦績」有傳，未聞有修志之事，後志序跋中亦無人言及，茲據《通志》著錄，且存疑焉。

## 〔光緒〕上猶縣志十八卷首一卷

邱文光　葉滋瀾等修　李臨馴纂邱文光，號少棠，廣東人，同治五年署上猶知縣。　葉滋瀾，號瀛舟，福建閩縣監生，光緒五年署上猶縣事。　李臨馴，字友春，號葆齋，本邑進士，翰林院檢討，官至河南道御史。

清光緒七年（1881）刻本　未見

清光緒十七年（1891）補刻本　未見

清光緒十九年（1893）補刻本　存

《中國地方志聯合目錄》。

李臨馴序同治丁卯歲，京師將續修一統志，上諭通敕各直省督撫臣廣徵所屬郡邑新舊志書，增修省志貢之於朝，以備採擇。而猶邑距會垣遠，維時攝邑篆者為嶺南邱君文光，甫經草創，旋及瓜期。嗣是時閱數年，令更三任，亦普禮延碩學專主操觚，然其書猶未成也。光緒己卯，予自楚北解組歸，道經會垣，當道咸以此事相屬。抵里後，即與前宰葉君滋瀾一意訪求，悉心參校，凡八閱月始成編，尤賴今邑侯黃公維翰，來自木

天，共相考訂，乃能相與以有成也⋯⋯（光緒七年）

【按】同治六年，知縣邱文光奉檄編輯邑志，甫經草創，旋及瓜期，此後遷延多年，令更數任，事猶未成。至光緒五年，知縣葉滋瀾聘邑人致仕李臨馴主斯役，八閱月始成編。葉氏又去，黃維翰繼任知縣，略事修訂，付梓刊行。本志體例大抵沿乾隆賈文召志而有所更易。全書十八卷，分星野、輿地、建置、祠祀、田賦、兵防、官師、選舉、人物、藝文十分志。本志有光緒七年刻本。又光緒十七至十九年，知縣馮永年，潘尚志相繼有補刻，潘氏稱：「前歲馮君永年蒞任，又曾於公款中酌提四十金重為補完，蓋亦幾費經營矣，顧倉猝成帙，排印無多，署中亦無存本。余來權篆，簿書之暇一假觀，則其中亥豕魯魚數難更僕，因為詳加編校，捐廉飭手民重加刊正，並印刷多部籍廣流傳。」是志原刻未見，十九年初刻本今存。

## 〔民國〕上猶縣志

劉文淵修　吳寶仁纂劉文淵，新喻人，民國三十二年任上猶縣長兼文獻委員會主任。　　吳寶仁，縣志編纂主任。

民國三十七年（1948）稿本　存

【按】本志係稿本，不分卷，無序跋，亦未署修纂人名。內容分為「大事記」兩編，一為「歷代大事記」，自唐記至清末，一為「大事編年記」，自民國元年記至民國三十七年十二月；又「輿地考」，分沿革、位置、疆域、氣候、山脈、水系、關隘，古跡諸目；又「職官表」（按原稿無標題，該編小序稱「職官表」）。又「政治略」，分建設、地政、民政諸目；又「社會略」，

分社會、教育、禮俗、氏族、統計表及頒佈情況、宗教諸目；又「經濟略」，分農業、林業、工業、商業、礦業諸目；又「藝文」。據「大事記」，民國三十六年五月設立縣文獻委員會，縣長劉文淵任主任，八月文獻會決議續修縣志，又稿內又有「編輯主任吳寶仁」字樣，則吳氏當為本志主纂人。該志「大事記」及「職官表」最晚記事至民國三十七年十二月，志稿成於是年。《中國地方志聯合目錄》錄作「民國三十五年（1946）稿本」，不確。是志稿今藏江西省圖書館。

## ▶ 崇義

本邑志乘，創修於明嘉靖三十二年知縣王廷耀，續於萬曆四十年林際春。明縣志僅知此二修。清時凡七修。康熙二十二年王璧、康熙三十七年劉凝均有纂輯，皆未刊行。乾隆三十二年羅洪鈺重修，咸豐汪報閏續有二卷，同治六年汪寶樹、馮寶山繼有纂修，八年周長森撰《補遺》三卷，至光緒二十一年廖鼎璋再加續修。民國三十七年亦修縣志，稿成，未能印行。除萬曆林際春《副志》、康熙劉凝志、乾隆羅洪鈺志及同治周長森《補遺》外，其他諸志俱存。

明正德十四年，割上猶之崇義、上堡雁湖，南康之至坪、尚隆、崇德，大庚之義安置縣，以（崇義）里名之，屬南安府。清隸屬如明。

## 〔嘉靖〕崇義縣志二卷

王廷耀修　鄭喬纂王廷耀，號竹泉，湖廣長陽選貢，嘉靖二十九年任崇義知縣。　鄭喬，廣西桂林舉人，崇義縣教諭。

明嘉靖三十二年（1553）刻本　存

光緒《江西通志》藝文略：《崇義縣志》《天一閣書目》：嘉靖三十一年王庭耀修。

《中國地方志聯合目錄》。

鄭喬序<sub>竹泉王侯聿來視篆……爰屬喬侶以志之……乃模寫府志之成跡，發揮梅國翁之餘意，而掇拾其事，采輯其文，類編成帙……（嘉靖壬子秋七月）</sub>

【按】本志是崇義縣志之首修本，成書於嘉靖三十二年。據纂者鄭喬序稱，是志「乃模寫府志之成跡」，「掇拾其事，采輯其文，類編成帙」。全志分境界圖、世曆紀，秩官、選舉二表與天文、地理、禮樂、職制、經略、利澤、崇表、外志八志及雜記諸門。本志有嘉靖三十二年刻本，今存。

## 〔萬曆〕崇義縣副志

林際春修<sub>林際春，字宇犀，號懸釜，泉州舉人，萬曆三十八年任崇義知縣。</sub>

明萬曆四十年（1612）刻本　佚

光緒《江西通志》藝文略：《崇義縣副志》<sub>萬曆三十八年知縣林際春修。</sub>

林際春序<sub>崇志殘缺不修久矣。春始承乏，獲與披閱，則見帙軼于毀，文蠹於蠹，編次龐於攙，越者已各十之二三，度之闊焉，不遑綜理。又二年，取一披閱，則制度率多變更，建置業多增益，其於舊書所載迥不相侔。春始慨然欲修之。適孝廉尹君儼然造余，余與謀；為欲存其舊志，而更定為一書，名曰副志。孝廉曰可。春不敏，乃自操觚……</sub>

【按】本志修於林際春知崇義縣事之第三年，即萬曆四十年，距嘉靖王廷耀志七十餘年。林氏此修，乃以嘉靖志為底本加以校訂補續，體例有所更易，如本志尹應簡序所謂「因取舊志校輯，正其訛，補其漏，諸所或仍或創，或品或題，匠心獨裁，凡幾刪定於鳴琴之餘，而始就梓，名曰副志」。知林氏乃自纂輯。書名「副志」，林氏亦自有說，云：「副者，貳也，則以推尊古志之為正，而茲特為之貳也。」是志亡於清，據康熙三十七年縣志劉凝序稱曾得見林志，「其書華贍謹嚴」。而至乾隆三十二年羅洪鈺修志時，則謂「舊志蕩然無存，惟傳鈔繕二三策，係明萬曆間前令林際春編輯」。羅氏所見為鈔本，且非完帙，此後未聞有見之者。

〔康熙〕崇義縣志[1]

王璧修王璧，遼陽人，蔭監，康熙二十二年任崇義知縣。

清康熙二十二年（1683）修本　未見

清抄本　存

《中國地方志聯合目錄》：《崇義縣志》不分卷王璧纂修，清康熙二十二年修，抄本。

王璧序崇之舊志散佚無存，僅得殘帙數篇，略而不詳……璧不敏，承乏茲土，甫數月，方將觀民而用之，訪諸父老，諮其土俗，察其險要形勝所在而綏理焉，誠兢兢以保赤是懼，而未知其何以稱厥職也。猥以邑乘授諸染翰，敢辭操觚，因敬弁其首。

【按】本志係現存清修崇仁縣志之最早一部。主修王璧序云：「崇之舊志，散佚無存，僅得殘帙數篇，略而不詳。至於忠

孝廉節之行，其在今日未經核實……」王氏此志，乃繼萬曆林際
春《副志》續修，其書不分卷，有九門六十三目，修於康熙二十
二年。康熙三十七年縣志劉凝序稱：「南安界毗粵楚，所屬之志
皆未鐫刻，即抄錄者率多漏脫舛訛。」知本志以鈔本行，未曾授
梓。又，王璧之志，劉序稱其書氏藏之，「堅匿不出」。劉凝編
纂邑志時，僅言「奉《副志》為指，參以荒略之鈔本，益以十二
載之所見聞」。又，同治縣志胡友梅序亦曰：「志創於王，副於
林，國初廣文劉據荒陋鈔本續林《副志》。」此所謂「荒略之
鈔」，即指王志。不知是謂王氏本志「荒略」，還是指鈔本「荒
略」。

## 〔康熙〕崇義縣志[2] 十二卷

劉凝修劉凝，字二至，南豐人，歲貢，康熙二十六年任崇義縣訓
導，編纂《沙溪洞志》。

清康熙三十七年（1698）稿本　佚

劉凝序南安界毗粵楚，所屬之志皆未鐫刻，即鈔錄者率多漏脫舛
訛……明嘉靖間邑侯王公廷耀實始作志，萬曆季年邑侯林公際春繼作副
志。凝備員崇校十有餘載，遍為訪求竟不可得。客秋氏許訕，持《副志》
證驗，始得見之。歎其書華贍謹嚴，寧可湮沒，毋亦林色之靈爽默有以使
耶？若王公前志，則氏堅匿不出矣。於是奉《副志》為指，而參以荒略之
鈔本，益以十二載之所見聞，鏊為十二卷，差可觀覽，其殘缺者亦聽之而
已……

【按】本志已佚，修纂人劉凝有自序一篇，見錄於後志。據
劉序稱：「凝備員崇校十有餘載」，又云：「益以十二載之所見

聞」。知本志修於劉氏任崇義縣訓導十二年後，即康熙三十七年。此前，邑令王璧修有一志，以鈔本行，此劉序所謂「荒略之鈔」。又於氏處得見萬曆林際春《副志》。劉氏此修，乃「奉《副志》為指，而參以荒略之鈔，益以十二載之所見聞，釐為十二卷」。知本志體例沿用萬曆《副志》，而參以王志鈔本，續其後事。又據羅洪鈺序乾隆縣志云：「旋搜羅獲博學劉凝志稿一本，仍多不備。」則劉志亦未刊行。光緒《江西通志》藝文略著錄乾隆三十二年羅洪鈺《崇義縣志》有按語，曰：「康熙三十七年訓導劉凝著有縣志稿本十二卷，未成。」此言「未成」，應指未刊，非劉氏志稿未修成也。本志自羅洪鈺後，已無人言見之，亦無著錄，蓋已散佚。

## 〔乾隆〕崇義縣志

羅洪鈺修羅洪鈺，字爾音，四川合江人，歲貢，乾隆三十年任崇義縣知縣。

清乾隆三十二年（1767）刻本　未見

清咸豐六年（1856）補版刻本　未見

光緒《江西通志》藝文略：《崇義縣志》乾隆三十二年知縣羅洪鈺修。謹按：康熙三十七年訓導劉凝著有縣志稿本十二卷，未成。

羅洪鈺序舊志蕩然無存，惟傳鈔譽二三策，係萬曆間前令林際春編輯，率多舛訛，固不足徵矣。旋搜羅獲學博劉凝志稿一本，仍多不備。迨披覽通志、府志，所載崇事特少，茲欲手定一書，苦無所據。爰於邑中故老諮詢境內之山川人物，歷來之典禮文章，公餘輒搜奇訪古，凡斷碣殘碑必往摹揭，偶有脫漏，即盧衷討論而續補之，綜會經年，凡三易而後成

稿……方擬付梓，會被議而去，將束裝，都人士進而請曰……邑乘出侯一人之手，尤不可湮沒，願亟謀諸剞劂氏。余亦念兩載心力瘁於是編，未忍委之東流，遂允其請，期以布久遠，俾後人有所依據且補餘之闕漏焉。

【按】本志為康熙三十二年邑令羅洪鈺所修。羅氏修志時，僅得萬曆《副志》鈔本殘篇及劉凝志稿一本，以《副志》「率多舛訛」，劉稿「仍多不備」，欲加重修。「綜會經年，凡三易而後成稿」，康熙三十二年付諸剞劂。羅氏此書，頗遭後人譏彈。乾隆戊子（三十三年）《南安府志》蔣有道序曰：「余去冬承檄署郡事，首得披閱郡志，已歎其蕪。既而四邑各以新志至，庚較可觀，康、猶淆雜，而崇尤甚。」此言崇義「新志」，即羅修本。又同治縣志胡友梅序，謂羅志「體例乖舛，文詞蕪穢，星野占驗援引數十條，茫然無歸宿，賦役類會計簿，秩官、選舉遺漏不少，人物後先倒置，又多枝葉語，並為生人立傳，藝文至數百篇，滿地瓦礫，金玉反掩。府志譏其淆雜，非過也」。此為據實而言。胡氏又謂「然亦有故焉，當時志甫脫稿，羅遽被議瀕行，以刊事付邑人，中多竄易，致失羅面目，此其咎將誰歸乎？」亦是平情之論。本志未得獲見，《中國地方志聯合目錄》無著錄。原刻存亡不知。又咸豐六年汪報閏悉照羅氏原本翻刻，「無一字增損」。翻刻本亦未見。

## 〔咸豐〕崇義縣續志二卷

汪報閏修　陳世瑋纂汪報閏，字桐階，江南山陽人，咸豐元年任南安知府。　陳世瑋，本邑恩貢。

清咸豐六年（1856）刻本　存

光緒《江西通志》藝文略：《崇義縣志》咸豐六年知府汪報閏修。

《中國地方志聯合目錄》。

汪報閏序府屬四縣各有志書，南康、上猶兩縣皆續修未久，惟大庾縣志已逾百年，崇義縣志亦八十餘年未修。且大庾志版毀於火，崇義志版雖存百數十片，多已缺殘闕，黴朽不堪。用是四縣之志亟宜修纂者，大庾為最，崇義次之。余於來守之初，即重刊大庾志並續纂二冊，工竣後擬接修崇義志，適權篆贛州，事遂中止。往歲回任，復以軍務倥傯，不遑顧及。今又將有虔南之行，於此事心終耿耿。爰與署縣何儉齋、廣文何玨城選本邑紳耆分投採訪，竭三月之力，編輯續志二冊，自乙卯冬月開雕，至丙辰仲春畢事。其舊志悉照原本翻刻，無一字增損，續志所載雖皆確鑿可征，仍另列卷帙，不使前後混淆，竊願後之君子再加考究而論定焉。

【按】本志係咸豐六年知府汪報閏主持續修。汪氏有序備述其顛末。自乾隆間羅洪鈺志以來，崇義縣志八十餘年未修。其時羅志版片多有殘闕，黴朽不堪。汪氏先將羅志翻刻，再續二卷，續志另成一書，不與原志混淆。（做法與江氏主持續修《大庾縣志》相同）續志上接羅志，自乾隆二十三年起，記至咸豐五年止，體例亦沿用羅志之舊，稍有增改。如羅志人物不分類別，續志則標以宦跡、文苑、篤行、義舉四目，等等。汪氏所續崇義縣志較為粗疏，不及其《大庾縣續志》。胡友梅序同治縣志曰：「咸豐五年汪大府續修兩帙，似尤草率，豈烽燧告警，無暇斟酌歟。」

## 〔同治〕崇義縣志十二卷

　　汪寶樹　馮寶山修　胡友梅纂汪寶樹，字仲之，江南儀征人，監
生，同治元年、三年兩度出任崇義知縣。　　馮寶山，號少南，浙江會稽
人，監生，同治五年任崇仁知縣。　　胡友梅，號雪村，廬陵歲貢，保薦
儒學訓導。

　　清同治六年（1867）刻本　存

　　《中國地方志聯合目錄》。

　　胡友梅序志創於王，副於林。國初廣文劉據荒陋鈔本續林《副志》，
而王志已不及見，又未卒業。乾隆三十一年，邑侯羅慨然纂修，顧體例乖
舛，文詞蕪穢……往歲汪邑侯聘黃司馬少鐵將取羅、汪重加筆削。司馬捐
館，旋屬涂廣文。因裏辦團練，猝無暇日，汪亦謝纂，事不果更。二年，
會稽馮侯蒞崇，思補汪侯憾，會南安院試，同遇郡城，請其事於星使，遂
命余充是役……馮侯掌鞅之餘，數過從商榷，李、涂兩廣文及邑二三君子
各示所見，俾得執舊編以裁義法，正訛誤，刪繁就簡……（同治五年秋七
月）

　　【按】本志先後經汪寶樹、馮寶山兩任知縣修成，胡友梅有
序言其事始末頗詳。由胡序可知，本志係據乾隆羅志、咸豐汪氏
續志刪訂增續。舊志冗闒脫略，年代久遠無從考證處，則據《一
統志》及府志加以訂補；舊志人物有次第顛倒、重複記載者，為
之刪芟釐正；舊志藝文所收詩文庸濫不當，多加削除。全書凡十
二卷，卷前有新舊序文、凡例、目錄，輿圖；卷一星野、祥異、
創建、疆域、山水；卷二城池、公署、倉庚、廟學；卷三典祀、
書院、水利、津梁、武備；卷四戶口、賦役、風俗、物產、寺
觀、古跡；卷五秩官；卷六選舉；卷七名宦、宦跡、文苑、質

行、義舉；卷八貞女，貞烈、節烈、烈婦、賢媛、仙釋；卷九至十二藝文。本志條理明晰，「文簡事賅」。然亦有條目設置欠當處，如卷八諸目，頗嫌重複，且「所列賢媛、仙釋二門，僅存其目，未稔何意」。又本志係「合羅、汪兩志修輯，節刪太多」（光緒縣志凡例），因有遺漏，本志刻成後二年，周長森即有《補遺》三卷。

## 〔同治〕崇義縣新志補遺三卷

周長森修周長森，江蘇六合人，廩生，同治八年代崇義知縣。

清同治八年（1863）稿本　佚

【按】未見著錄。光緒二十一年縣志凡例云：「周前縣長森宰崇時，著有《新志補遺》三卷，旋因去任，未及付梓，今遍搜遺稿得其首卷。因其與修志時相去不遠，無甚記載。」此所謂「新志」，即同治六年刊成之汪、馮本，周氏為之補遺，撰為三卷。稿成未及鋟梓。至光緒二十一年修志時，僅尋得首卷，今無由獲見。茲據光緒縣志凡例著錄。

## 〔光緒〕崇義縣志八卷續增一卷

廖鼎璋修廖鼎璋，號蘊山，廣西貴縣舉人，光緒十年任崇義知縣。

光緒二十一年（1895）刻本　存

《中國地方志聯合目錄》。

廖鼎璋序崇志續自戊辰，經會稽馮君寶山權崇篆時，延聘盧陵胡明經一手裁定，歷今僅二十餘年，特鐫板蕩然無存，殊為恨事，厥後留心探訪，杳同黃鶴，相與太息久之。適值興修本邑各祠廟暨郡城學宮，數年之

內修廢舉墜……一面取舊志悉心搜討，略者詳之，闕者補之，越半載而漸
次就理，亟付梓人……（光緒十九年）

　　【按】本志於光緒十九年奉檄修纂，去同治六年汪、馮志僅
二十年。據廖鼎璋序稱，其時汪、馮志「鐫版蕩然無存，殊為恨
事，後留心探訪，杳同黃鶴，取舊志悉心搜討，略者詳之，闕者
補之，越半載而漸次就理，亟付梓人」。是志本同治縣志補續，
「一切體例，悉仍其舊」，僅個別處略有改易。如「前志所列賢
媛、仙釋二門，僅存其目，未稔何意，今將賢媛刪去，而仙釋一
門另立小引，查明補載」；又「前志間有沿誤處，特就聞見所及
與有案可稽者概為訂正」。又，前志於羅洪鈺志、汪報閏續志刪
節太多，此「擇其緊要者量為增入」，增補時酌采周長森《補
遺》。又續輯近事，記至光緒十八年而止。本志有「光緒乙未春
旦籌備倉藏版」印，是其書於光緒二十一年刊行。

## 〔民國〕崇義縣志八卷

　　周國才等修　張聲懋等纂周國才，南昌人，民國三十五年三月至
三十七年二月任崇義縣長。　　張聲懋，邑人，縣文獻委員會委員，縣志
編纂組組長。

　　民國三十七年（1948）稿本　存

　　張聲懋序民國三十年，余曾一度謬承轟前縣長之邀，延主纂修縣
志，乃為時六月，即奉令暫停。往歲，三十六年一月，周前縣長暨邑中諸
君子，以掩瑕滌垢之心，復委懋為文獻會委員兼長編纂組事……就事之
初，即遵內政部公佈《地方志書纂修辦法》之規定，先將本屆志書凡例、
綱目擬就，送部備案……乃自三十一年一月起，本會又奉令裁員，祇留主

任委員、編纂組長、組員各一人。人員減少，事務倍增。且奉省府訂頒《江西省各縣市纂修縣市志書簡例》，限三十七年底須纂修完成……舉凡凡例、綱目、大事記、各項圖表及一、二、三、四各編，十之七八俱由組員張繼伊編纂；十之二三出自吳主任國淙手筆；其五、七兩篇，係本人負責……今者限期將滿，志應殺青，全部志文業經提請委大會詳加審核，定其去留……

【按】茲志倡修於民國三十年縣長聶大炎，張聲懋肩纂事，為時六月，奉令暫停。乃三十六年一月，成立縣文獻委員會，複為興舉，至次年底訖稿。張序述此役始末頗詳。此志八卷，分七篇又大事記一篇，凡為門十九，為目百餘。未及付梓。稿本今存縣檔案館。

## ▶ 寧都

明以前寧都志乘，僅知有南宋彭鉉、趙糾夫先後兩修。此外無可考稽。又，《永樂大典》引《寧都縣志》兩條，此志修纂年代不明，疑是明初之書。明修縣志之可考者，有洪熙志、隆慶志稿、萬曆志稿，修纂者俱不詳。此後，萬曆十七年知縣趙思廉主修縣志，稿成未刊，以「私而不公」見斥。隨後知縣莫應奎、王光蘊奉知府黃克纘之命據趙稿重修，刊於萬曆二十二年。清康熙初邱維屏私輯縣志稿一編；康熙知縣宋必達舉修，邑人蘇恒雋纂之，稿成未刊；至康熙二十二年知縣丁文炯續修之，蘇恒雋、楊龍泉主筆，因「格於物議，遂爾中輟」，遺志稿一部。至乾隆六年，知縣鄭昌齡據前修舊稿輯纂成書。嘉慶七年，知州黃永綸踵修之，志草成，「以經費未裕而未付剞劂」。道光間鄭祖琛、劉丙等重修州志，歷五

寒暑乃竣。或謂同治間有《寧都縣志》十七卷，所據不明，且寧都此時仍為直隸州也。姑不予著錄。又，民國三十六年，縣文獻委員會議修縣志，其事未成，亦不錄。

據《元和郡縣志》，吳寶鼎初，析贛縣地置新都縣（《寰宇記》作陽都）。晉太康初改為寧都縣。隋開皇十八年改寧都曰虔化，屬虔州。宋紹興十三年復名寧都，屬贛州。元升為州，領龍南、安遠二縣，屬贛州路。明初復降為縣，屬贛州府。清乾隆十九年，升寧都直隸州，領瑞金、石城二縣。民國二年改為寧都縣。

## 〔嘉慶〕寧都州志

黃永綸修　彭鏌纂<sub></sub>黃永綸，字理齋，湖北潛江人，優貢，嘉慶五年任寧都知州。　彭鏌，字秋舫，本州進士，曾任湖北蒲圻、黃陂知縣。

清嘉慶七年（1802）稿本　佚

黃永綸序余乃延訪操觚編纂，而未得其人，僉以州進士彭秋舫鏌應聘，而凡有資考證之條，自歷代史冊以及省府諸志、明老縣志，浣朋獨肩其任……三年而志草成，以經費未裕而未付剞劂……（嘉慶七年）

【按】未見著錄。本志係嘉慶五年知縣黃永綸主修，歷時三年稿成，以費艱未能鋟鋅。志稿已佚，黃序尚存，此修始末黃氏詳言之。又據道光州志凡例稱，本志體例略仿張尚瑗所纂《贛州府志》，「以志政、志政、志事、志人、志言為綱」，其內容已不得而知。又，乾隆十九年，升寧都縣為直隸州，轄瑞金、石城二縣。本志係寧都州志。

## 〔道光〕寧都直隸州志三十二卷首一卷

鄭祖琛　劉丙　梁棲鸞修　楊錫齡等纂鄭祖琛，字夢白，浙江烏程人，進士，嘉慶二十四年任寧都知州。　劉丙，號克齋，廣德州人，進士，道光二年會寧都知州。　梁棲鸞，字蔡山，太平縣人，道光三年署任寧都知州。　楊錫齡，字念先，寧都州廩貢，候選訓導。

清道光四年（1824）刻本　存

光緒《江西通志》藝文略：《寧都直隸州志》三十二卷道光四年知州劉丙修。

《中國地方志聯合目錄》：《寧都直隸州志》三十二卷首一卷黃永綸修，楊錫齡纂。

鄭祖琛序歲己卯，余牧是州，吏呈縣志，詢之州人，僉雲升州以來未修志，迄今八十餘年矣。前刺史黃公永綸修而未竟……時則安君、黃君兩學博、紳士邱明府、賴孝廉、魏教廉、楊明經、李明經輩皆淹雅才，發凡起例，余與之商榷，天文星野篇甫脫稿，余攝吉安郡篆，尋守撫州，代余者為劉君克齋，長吏治，能文章，與前此諸君子振興之，次第成篇，前後閱五寒暑而竣……（道光四年）

【按】本志凡例云：「寧都升州後，屢議創修直隸州志。嘉慶七年，知州黃永綸聘州進士彭斌立有志草，仿贛郡張志體例，以志地、志政、志事、志人、志言為綱，尚未成書。二十五年，知州鄭祖琛仍舊志分八門，立子目六十有四，草稿未定，升任去。道光元年奉憲重修通志，檄各府州縣先立草志，送省城志局備采。今特遵照撫憲所頒格式，分三十二門，列為三十二卷，卷數有繁重者，則於本卷分為一二三四。」由此可知，本志體例與嘉慶七年黃永綸所修草志實有不同，兩書不當混為一談。《中國

地方志聯合目錄》將本志錄為黃永綸修，不確。本志劉丙序稱：
此志之修，「悉祖舊志及先輩遺書」。又曰：「余以為，分門別
卷，遵通志例也；依類采入瑞、石志，仿府志體也；參考志草，
理齋黃公定也；作事謀始，夢白鄭公志也；總理協修，安寅軒、
黃茂園兩廣文也；操觚讎校，考據纂輯，楊、李、謝、曾諸明經
也；而所為折衷歸宿，則又多本易堂九君子之議論。」又本志
「前後閱五寒暑而竣」，刊於道光四年，其時梁棲鸞署任寧都知
州，梁氏亦與其事。本志共三十二卷，分三十二門：星野、沿
革、形勢、城池、山川、水利、學校、公署、書院、田賦、風
俗、土產、兵衛、武事、關津、驛監、古跡、封爵、秩官、選
舉、名宦、人物、寓賢、列女、仙釋、方伎、祥異、祠廟、塋
墓、寺觀、藝文、雜記。門下有設子目、有不設。目下記事按寧
都州、瑞金縣、石城縣次第分敘，記至道光四年而止，內容較為
翔實。


## 〔宋〕寧都縣志[1]

　　彭鉉修彭鉉，字仲節，清江人，嘉定十六年以恩蔭任寧都縣令，尋
直文華閣。出知贛州，有《臨川可否錄》《備冠兵錄》。

　　宋修本　佚

　　《江西古志考》卷九。

　　【按】彭鉉名列後志「名宦」，曾「纂縣志以表文獻」（見乾
隆縣志卷四，名宦）。據萬曆邑志，彭氏後任知縣莫太之，寶慶
二年來任。此係文獻記載本縣舊志之最早修本，當成於彭氏任
內，即嘉定、寶慶間。其書久佚，卷帙、篇目均無考。

## 〔宋〕寧都縣志[2]

趙糾夫修趙糾夫，福建三山人，紹定四年以贛尉攝寧都縣事，端平二年升知寧都縣。

宋修本　佚

《江西古志考》卷九：《寧都縣志》宋，趙糾夫纂。

【按】據乾隆六年縣志卷四，名宦：「趙糾夫，福建三山人，宋紹定四年以贛尉攝篆縣事……增述邑志。」知趙氏所修縣志，當是本嘉定彭鉉志增續。據萬曆邑志，趙氏於端平二年升寧都知縣，其後任劉仲房（其間可能有遺漏），淳祐四年來任，知其書當成於南宋紹定四年至淳祐四年之間。

## 寧都縣志

佚名修纂

修纂年不詳　佚

《永樂大典》卷二二七一，六模，湖雲石山湖；卷二七五四，八灰，陂雜陂名；引《寧都縣志》兩條。

《江西古志考》卷九：《寧都縣志》佚卷數、撰人，未見著錄。按：《大典》引《寧都縣志》兩條。宋寧都縣，元大德元年（一作元貞元年）升州，明復降為縣。是志題名「縣志」，當係宋朝或明初所修。宋有嘉定彭鉉、紹定趙糾夫兩修縣志，明初邑乘未見著錄。然考輯文「雜陂名」條，所記寧都縣內諸陂近四百，極其詳盡，末有注曰：「以上並在贛州府寧都縣內。」該注雖未必是原志之文，然而若謂是志為宋時修本，所志諸陂名至明初仍一成不變，似違情理，頗疑此為明初人修撰。因尚乏證據，不敢曰必是，宜別錄作一種，存疑俟考。

〔洪熙〕寧都縣志

　　佚名修纂

　　明洪熙間刻本　佚

　　【按】未見著錄。清乾隆六年縣志凡例云：「舊志多訛缺，考自明洪熙二百年，志缺未修。」又，道光四年縣志凡例：「明洪熙間邑舊志，今無存。」知明洪熙年間修有縣志，其書已亡，無以考詳，茲據乾隆、道光縣志凡例著錄。

〔隆慶〕寧都縣志

　　佚名修纂

　　明隆慶間稿本　佚

　　【按】未見著錄。清乾隆六年縣志凡例稱：「萬曆壬辰奉文修志，儒學胡、袁二公覓得隆、萬年間二草志，參府志編輯，是以採訪未備。」知隆慶及萬曆十五年以前，有縣志修葺。是書被稱作「草志」，當是未刊之稿本，其修纂人、卷帙俱失考。

〔萬曆〕寧都縣志[1]

　　佚名修纂

　　明萬曆間稿本　佚

　　【按】未見著錄。據乾隆六年縣志凡例，明萬曆間曾修「草志」一種。（參見〔隆慶〕《寧都縣志》條考按）此志為「儒學胡、袁二公覓得」。則在胡祥鸞任寧都縣教諭（萬曆十五年）之前修成。去隆慶間所修「草志」僅十餘年。乾隆志凡例即稱「隆、萬間二草志」，則此乘與隆慶志並非一書。兩志之關係不

詳，為官修、抑或私纂亦不可知。今僅錄以備考。

## 〔萬曆〕寧都縣志[2]

趙思謙修　胡祥鷺　袁慶楊纂趙思謙，湖廣五開衛舉人，萬曆十七年任寧都知縣。　　胡祥鷺，上猶人，寧都教諭。　　袁慶楊，宜春人，寧都教諭。

明萬曆十七年（1589）稿本　佚

【按】未見著錄。所明萬曆壬辰（二十年）縣志黃光續（贛州知府）序：「先是，邑令趙君謀所以續之，然私而不公，君子曰誣。會邑縉紳先生給事盧君中、執法吳君俱暫輟，承明之直，歸於粉榆二君，一時稱為博物君子也，乃取前志與博士弟子員共增損之。」此「邑令趙君」，乃趙思謙，萬曆十七年任寧都知縣。「給事盧君中」「執法吳君」，指盧逵、吳天德。由是可知，趙思謙任縣令時曾修邑志。此志即乾隆六年縣志、道光四年縣志凡例所謂萬曆間訓導胡祥鷺、袁慶楊所修「草志」是也。（參見明萬曆二十二年莫應奎、王光蘊《寧都縣志》條考說）本志既以「草志」見稱，當係未刊稿本。黃克續斥之「私而不公，君子曰誣」，遂檄縣聘吳天德、盧逵重加修訂。

## 〔萬曆〕寧都縣志[3] 八卷

莫應奎　王光蘊修　吳天德等纂莫應奎，廣西靈川舉人，萬曆十九年任寧都知縣。　　王光蘊，字季宜，號永洞，浙江永嘉舉人，萬曆二十二年任寧都知縣。　　曾參修《永嘉縣志》《江心志》《溫州府志》。　　吳天德，字體恒，邑人，曾任刑部郎中，擢南雄守，未赴卒京

邸，著有《讀易卮言》。

明萬曆二十二年（1594）刻本　存

《中國地方志聯合目錄》：《寧都縣志》八卷莫應奎、王光蘊
修，吳天德纂。明萬曆二十年刻本，存。

黃克纘序贛東之邑，寧為大，幅員之廣，財賦之繁，衣冠文物之
盛，甲於諸邑。志久不續，將有遺佚之患。先是，邑令趙君謀所以續之，
然私而不公，君子曰誣。會邑縉紳先生給事盧君中、執法吳君俱暫輟，承
明之直，歸於枋、榆二君，一時稱為博物君子者也。乃取前志與博士弟子
員共增損之，沿革稽於往牒，取去付之公評，芟其誣妄，補其缺略，志是
以完……

【按】萬曆十七年，知縣趙思謙修有縣志稿一帙，以「私而
不公」見斥。知府黃克纘檄縣令聘吳天德、盧逵就前稿重修。
「沿革稽諸往牒，取去付之公評，芟其誣妄，補其缺略，志是以
完。」黃氏有序記其事顛末。全志八卷，分地輿、建設、田賦、
秩官、選舉、人物、藝文、雜志八門，子目四十有八。謝詔府志
稱其「載筆謹嚴」。乾隆六年縣志凡例謂之「雖義例精嚴，事蹟
或有未詳，故訛缺仍舊」，乃持平之論。本志有萬曆二十二年刻
本，是今存寧乘最早一部，卷前有黃克纘、王光蘊序，有殘缺，
書內字跡亦多漫漶難識。

〔康熙〕寧都縣志[1]

邱維屏纂邱維屏，字邦士，邑人，明季隱翠微峰，與同志數人講學
易堂，著有《松下集》等。

清康熙間稿本　佚

【按】未見著錄。道光《寧都州志》凡例敘清修邑乘，首舉邑人邱維屏志，曰：「國朝康熙初年，州人邱維屏、蘇恒、楊龍泉皆有志草，僅見於乾隆辛酉志所引，其全書均不存，然蘇、楊係以己意發為議論，邱維屏則代主修人執筆，如星野志，篇首載吾聞縣河東野人之言曰，篇末云吾縣河東野人如此，蓋代言之體宜爾也。今既稱邱維屏曰，則此等處理宜從刪。」據此，康熙初邱維屏纂有縣志，係「志草」。道光州志凡例置於蘇恒志之前，修纂年已不可確考。邱志早佚，道光州志謂「僅見乾隆辛酉縣志所引，其全書均不存」。

〔康熙〕寧都縣志[2]

　　宋必達修　　蘇恒纂宋必達，黃岡人，進士，康熙七年任寧都知縣。　　蘇恒，字平叔，本邑歲貢，曾任分宜縣訓導。

　　清康熙間稿本　　佚

　　【按】未見著錄。乾隆六年縣志梅廷訓跋曰：「先是，邑明經蘇君平叔、楊君御李兩先生於康熙廿二年間有續修邑志稿。」又乾隆志凡例曰：「康熙二十年邑候丁公聘請明經蘇恒，楊龍泉纂有志草，因格於異議，遂爾中輟。」然乾隆志卷六、人物，「蘇恒」傳云：「邑令宋必達、丁文炯兩以邑志聘為主修，存有志草。」則康熙七年知縣宋必達已委蘇恒纂輯一志，且有成稿。康熙二十年知縣丁文炯再聘蘇氏修纂邑志。（參見康熙二十二年縣志考說）

## 〔康熙〕寧都縣志[3]

丁文炯修　蘇恒　楊龍泉纂丁文炯，絳州人，監生，康熙二十二年任寧都知縣。　楊龍泉，字禦李，本邑歲貢。

清康熙二十二年（1683）稿本　佚

【按】未見著錄。本志修纂，乾隆六年縣志凡例、梅跋及秩官、人物等處均有記載。據乾隆志卷六，人物「蘇恒傳」，康熙間「邑令宋必達、丁文炯兩以邑志聘（蘇）為主修，有志草」。其凡例又曰「康熙二十年邑侯丁公聘請明經蘇恒、楊龍泉纂有志草」。則丁文炯主修之志，蘇、楊二氏俱聘為主筆。而乾隆志卷四，秩官「丁文炯」下注曰：「邑志百年未續，方下車，敦請紳士捐俸助修，蘇恒、楊龍泉各有志草。」今按蘇氏志草，當係康熙初年宋必達主修之稿；而楊氏志草，其事不明，乾隆志卷六，人物「楊龍泉傳」只曰「康熙丙寅邑侯丁文炯舉修縣志，垂成未梓」。或楊氏原先有私輯邑志稿，後為丁文炯聘為主纂，亦未可知也。今只著錄丁氏修本，楊氏私稿，因乏證佐，不錄，附說於此。又乾隆六年志梅跋稱丁文炯志修於康熙二十二年，而凡例等謂修於二十年。考丁氏任寧都知縣任康熙二十二年當以梅跋為是。又乾隆志稱丁志「因格於異議，遂爾中輟」。道光州志凡例則稱「蘇、楊係以意發為議論」，故未得鋟梓宣行。是志稿至道光間已亡佚。

## 〔乾隆〕寧都縣志八卷

鄭昌齡修　梅廷訓等纂鄭昌齡，蘭溪舉人，雍正十一年任寧都知縣。　梅廷訓，號斐齋，南城舉人，乾隆三年任寧都教諭。

清乾隆六年（1741）刻本　存

《中國地方志聯合目錄》。

梅廷馴跋舊志歲久漫漶，間有訛舛，而自明神宗壬辰至今百五十年，紀載全缺，不續修恐久而遂湮……先是，邑明經蘇君平叔、楊君禦李兩先生於康熙廿二年間有續修邑志稿，今遵照先後舊稿，參省府志及各姓譜牒，改正訛舛，更博采見聞，增補五十年事蹟人物，以續舊志所未載，既詳且核，亦謹而嚴……

【按】本志係乾隆五年知縣鄭昌齡主修。自明萬曆二十二年縣志刊行後，至此百五十年，其間雖有邱維屏及宋必達、丁文炯之續修，俱為稿本，且多未合人意處。鄭氏此修，奉檄行事，欲接萬曆志續輯，其凡例曰：「今亟續之以成全志。遵奉憲諭，不敢妄加增刪。邑侯鄭公頒示條例，恪遵規則。」又取邱、丁兩舊志稿，並參省府志及各姓譜牒，正其舛訛，補其未備。全志所記止於康熙五年，凡八卷，分輿地、建設、田賦、秩官、選舉、人物、記事、藝文八門，門各一卷，子目九十。有乾隆六十年刻本，係清修寧都縣志最早的存本。

▶ 瑞金

瑞金自建縣至明中葉，近六百餘年，志乘茫然無可考稽。今僅輯得《永樂大典》所引《瑞金縣（志）》佚文一條，雖成書之年不明，庶可補明永樂以前之典缺。瑞志之修於明者，有嘉靖趙勳志，隆慶呂若愚志。而萬曆間則先後三修：萬曆三十一年堵大臨志成書在先，其後項元濂、潘舜曆皆相繼續補。入清以來，縣志凡五修：康熙二十二年朱維高志、康熙四

十八年郭一豪志、乾隆十八年郭燦志，道光二年蔣方增志，光緒元年孫長慶、張國英志。各本卷目雖有參差，記載有詳略，然體制大抵轉相沿襲。又民國三十年修有一志，體裁異於舊編。

《隋書・地理志》云：「（瑞金）本雩都縣地，有金。」唐天祐元年析雩都地置監，名「瑞金」。南康保大十一年升為縣。宋屬贛州。元初屬贛州路，後改屬會昌州。明及清初屬贛州府，清乾隆十九年後移屬寧都直隸州。

## 瑞金縣志

佚名修纂

修纂年不詳　佚

《永樂大典》卷二二六七，六模，湖龍湖，引《瑞金縣（志）》一條。

《江西古方志考》卷九：《瑞金縣志》佚卷數、撰人。未見著錄。

【按】明隆慶《瑞金縣志》呂若愚序曰：「瑞金自建邑以來七百年矣，未始有志，志始於先令右坡趙君。」萬曆縣志堵奎臨序亦曰：「瑞金之有志也，自嘉靖壬寅先令趙公勳創之。」其後諸志，均視明嘉靖二十二年趙勳修本為始修。今輯《永樂大典》引《瑞金縣志》一條，其撰人、撰年雖無考，但至少早於趙勳志百二十餘年。且嘉靖縣志，形勝，記龍湖曰：「龍湖，在蘭田山巔，清澈如鏡，旁有岩石，雖盛暑亦寒栗，中有龍穴，鄉人遇旱禱於此。」其文與《大典》所錄本佚文雷同，知趙氏襲用本志，則本志在嘉靖間尚有遺存。不知係宋元舊乘，還是明初修本。今

仍《江西古志考》著錄。又《大典》引本志題作「瑞金縣」，志名「縣」下原脫一「志」字，今補。

## 〔嘉靖〕瑞金縣志八卷

趙勳修　林有年纂趙勳，字彝伯，號右坡，廣東番禺舉人，嘉靖二十年任瑞金知縣。　　林有年，字寒谷，蒲田人，曾任威清道副使。

明嘉靖二十二年（1543）刻本　存

光緒《江西通志》藝文略：《瑞金縣志》八卷嘉靖二十一年知縣趙勳修。

《中國地方志聯合目錄》。

趙勳序勳令是邑，初於民情土俗、古今得失、施為先後，與夫山川之條理，區域之井徑，戶口之消息，漫無所考。乃於廣詢博采之餘，搜綴數簡，漸次成帙，尚俟君子以損益始終之。莆陽致政憲副林公有年三長，咸集名家專門，客歲秋九月，應督府台南李公倫微由汀達虔，以語久要返，經瑞金，因以邑志請，公慨然秉筆，於開先堂纂修，不閱月而稿成……（嘉靖二十二年）

【按】本志係嘉靖間知縣趙勳主修，聘致政副憲林有年主纂。此前，趙氏「乃於廣詢博采之餘，搜綴數簡，漸次成帙」。林氏等纂修，「不閱月而稿成」。趙勳有序記此役結末。本志「類分八卷，首地輿，次官制，次學校、人物、宮室、祀典、文章、雜誌，亦紀載維實，義例維新」（趙序）。有嘉靖二十二年刻本，今存。此係現存最早一部瑞金縣志。本志撰稿，前後不到一月，疏漏難免，呂若愚謂之「於紀載尚多遺缺，而序次先後亦未為的，謂之全書，或歉焉」（隆慶縣志呂若愚序）。

## 〔隆慶〕瑞金縣志

呂若愚修　朱紫等纂呂若愚，號望松，浙江新昌人，進士，隆慶三年任瑞金知縣。　朱紫，邑人，生員。

明隆慶六年（1575）刻本　佚

光緒《江西通志》藝文略：《瑞金縣志》隆慶六年知縣呂若愚修。

呂若愚序於是窮耳目之所睹記，詢之於邑中之耆舊，各鄉里之長，諸大姓之家乘，先達之遺文，已而又質之鄉縉紳士，質之學校之生儒，凡數月而始集……乃進生員朱紫、許宗慶、楊永昌、湯訓於公廨，付以編輯之事，於聽政之暇，自為考訂參酌焉，又數月始脫稿……（隆慶六年）

【按】本志係隆慶六年邑令呂若愚主修。呂氏以為先令趙勳所修嘉靖縣志，「於紀載尚多遺缺，而序次先後亦未為的，謂之全書或歉焉」，因欲「釐正而綴葺之，垂千百年不刊之典，以成趙君之美」，「於是窮耳目之睹記，詢之於邑中之耆舊，各鄉里之長、諸大姓之家乘、先達之遺文，已而又質之鄉縉紳士，質之學校之生儒，凡數月而始集」。呂氏自序言其志纂修始末如是。知本志乃釐訂增補嘉靖趙志，續綴其後事而成。本志修纂，初委學諭潘伯驤任其事。未幾，潘為贛州府聘任修纂郡志，遂進生員朱紫、許宗慶諸人編輯，呂氏「自為考訂參酌」，又數月始脫稿。呂若愚序作於隆慶六年壬申，此係本志刊刻之時。

## 〔萬曆〕瑞金縣志十一卷

堵奎臨修　鐘撰等纂堵奎臨，字圖南，直隸宜興人，選貢，萬曆三十年任瑞金知縣。　鐘撰，字近修，邑人，國子監學錄，曾任南康府

訓導、吉府長史。

明萬曆三十一年（1603）刻本　闕

光緒《江西通志》藝文略：《瑞金縣志》萬曆三十一年知縣堵奎臨修。

《中國地方志聯合目錄》。

堵奎臨序時與國子先生鐘君撰、孝廉楊君以傑語次，撫然有文獻不足之懼。因以陽秋之筆屬之，又延博學錢君明，莫君汝侔、舊歸化尹賴君，聘及博士弟子楊可依，謝元賞、許繼濂、楊正文相與諮詢參考，補所見聞，而又詳核舊編，訛者正之，舛者次之，不經之典，無益之詞鏟且刪之，以忠事呂公，猶呂公之忠事趙公也……（萬曆三十一年）

【按】本志為萬曆三十一年癸卯瑞金知縣堵奎臨主修。堵氏有自序記其修志之事，稱瑞金先令趙勳、呂若愚所修嘉靖、隆慶志，至堵氏為邑令時，「舊編已蠹，近事又將漫漶」，因有文獻不足之歎，遂修邑志，聘國子先生鐘撰為主筆，學博錢明，莫汝侔等協修，「相與諮詢參考，補所見文而又詳核舊編，訛者正之，舛者秩之，不經之典、無益之詞鏟且刪之，以忠事呂公，猶呂公之忠事趙公也」。則以本志為隆慶呂志之續筆。全志凡十一卷，分列天文、地輿、食貨、建設、祀典、官制、選舉、恩典、人物、藝文、雜志十一門，子目四十八。潘舜曆序萬曆戊午志稱：「瑞之志始於嘉靖壬寅趙令右坡，續於隆慶壬申呂公望松，而集於萬曆癸卯堵公圖南。」本志今存本有缺佚，存九卷，缺卷十藝文、卷十一雜志。

## 〔萬曆〕瑞金縣志增補

項元濂修項元濂，字承湖，浙江秀水舉人，萬曆三十六年任瑞金知縣。

明萬曆間修本　佚

光緒《江西通志》藝文略：《瑞金縣志增補》萬曆四十三年知縣項元濂補。

【按】萬曆四十六年縣志潘舜曆序曰：「此又得項令承湖所著《志補》，雖條各立論，語若開端，似有起予之意，未為綜核之謀。」項氏當據萬曆堵奎臨志增補。其書未見，難知詳情。又項氏於萬曆三十六至四十年知瑞金縣事，補志當在任期間。光緒《通志》錄作「萬曆四十三年修」，則不知所據。

## 〔萬曆〕瑞金縣志續

潘舜曆修　楊以傑纂潘舜曆，字懷馨，福建長樂舉人，萬曆四十一年任瑞金知縣。　　楊以傑，字惟舉，本邑舉人，曾任都勻府知府。

明萬曆四十六年（1618）刻本　佚

光緒《江西通志》藝文略：《瑞金縣志續》萬曆四十六年知縣潘舜曆修。

潘舜曆序瑞之志，始於嘉靖壬寅趙令右坡，續於隆慶壬申呂令望松，而集其成於萬曆癸卯堵公圖南，萃三令之長，自堪不朽……李制台《圖說》一篇，不數語而形勝民風，臚若觀火，兵防民事，足動飲水昕夕欽著蔡焉。比又得項令承湖所著志補，雖條各立論，語若開端，似有起予之意，未為綜核之謀。余即陋其能不竟此局而使圖說宏猷重光方策也。矧癸卯距今已逾一紀，前志采撫，微有去來，則所以補缺往恢，使漏無終

湮；記載見聞，使事無遺佚，余何敢讓焉。唯是乘暇以圖，捐資而鋟……
（萬曆四十六年）

【按】本志係萬曆四十六年知縣潘舜曆主修，原書已佚，潘
氏自序見存後志。潘序稱前令項氏所著志補，「雖條各立論，語
若開端，似有起予之意，未為綜核之謀」。因繼而續修。本志體
例亦沿堵奎臨志，「前志采撫微有去來，則所以補缺往帙」。又
據道光縣志卷首，「舊修纂姓氏」，「萬曆戊午（四十六年）續修」
志纂人有楊以傑等。

## 〔康熙〕瑞金縣志[1] 十卷

朱維高修　楊長世等纂朱維高，字含英，四川閬中舉人，康熙二
十二年任瑞金知縣。　　楊長世，字延會，本邑歲貢生，曾任廣興府興安
縣訓導。

清康熙二十二年（1683）刻本　存

光緒《江西通志》藝文略：《瑞金縣志》康熙二十二年知縣朱
維高修。

《中國地方志聯合目錄》。

朱維高序今天子詔修志，以昭一統，郡縣咸奉命趨事……因是從七
十載以來廣為搜輯，與邑之鄉紳楊長世、朱康侯、生員楊枝高、胡裕昆、
朱大仁博采傳聞載籍編簡，沿舊綴新，黜浮補漏，匯成一書……（康熙二
十二年）

【按】康熙間，清廷詔天下郡縣修志。瑞金知縣朱維高奉文
纂輯邑志。此係清之瑞志首修本，去萬曆潘志已六十餘載。本志
體例略本萬曆志之舊，續以近事，所謂「沿舊綴新」是也。全志

十卷，分天文，地輿、建置、食貨、祀典、官制、選舉、鄉賢、藝文、雜志諸門。有康熙二十二年刻本，今藏日本內閣文庫，臺灣成文出版社《中國地方志叢書》有影印本。

## 〔康熙〕瑞金縣志[2] 十一卷首一卷

郭一豪修　朱雲映等纂郭一豪，字象君，福建永春舉人，康熙四十三年任瑞金知縣。　　朱雲映，字奕瞻，本邑貢生，候選教諭。

清康熙四十八年（1709）刻本　存

光緒《江西通志》藝文略：《瑞金縣志續》十一卷康熙四十八年知縣郭一豪修。

《中國地方志聯合目錄》。

楊以兼跋瑞志修自康熙癸亥，距今已二十有七年矣。歲丙戌，大守朱公議修郡志，請撫潘二憲，俱報可。乃檄行贛屬十二邑，俾各修志，以備採擇。於是邑令郭公敬厥事，禮延明經朱雲映、謝重拔纂修……為卷之數十有一，為葉之數二百有奇。始於丁亥，迄於己丑，凡三載而後告竣工。以兼謬與厥事，於其成書，為跋數語於卷尾。（康熙四十八年十二月）

【按】康熙四十五年丙戌，贛府議修郡志，命屬邑各輯志乘，瑞金縣令郭一豪奉命行事，聘邑明經朱雲映等纂修，經始於康熙四十六年，歷時三載告竣。本志係康熙朱維高志之續修，體裁因襲前志而略有變易，記康熙二十二年以前之事亦取舊志多有刪省，增續之事記至康熙四十八年而止。有康熙四十八年刻本，今藏日本內閣文庫。

## 〔乾隆〕瑞金縣志八卷首一卷

郭燦修　黃天策　楊于位纂郭燦，號荷亭，山東維縣舉人，乾隆十五年任瑞金知縣。　　黃天策，信豐人。　　楊于位，字及中，本邑進士，曾任平遠、始信知縣。

清乾隆十八年（1753）刻本　存

光緒《江西通志》藝文略：《瑞金縣志》乾隆十八年知縣郭燦修。

《中國地方志聯合目錄》。

郭燦序前奉制府黃公檄下各郡縣，令依時舉行。予以庚午之秋改蒞瑞金，越明年辛未，爰集紳士始議重修，顧余以簿書繁冗，未暇專志編纂，乃延信豐黃君天策總理其事，復佐以邑諸生之賢而有文者若干人。事未竣而黃君捐館舍，繼請邑紳楊君于位續成厥功，其間訂訛舛，辨是非，定義例，酌去留，余亦職有微勞焉……

【按】本志係知縣郭燦奉制府檄修纂，先聘信豐進士黃天策主筆。未幾，黃氏卒，復聘邑紳楊于位繼成厥功。經始於乾隆十六年，至郭令撰序時（乾隆十八年）告竣。全志凡八卷，首一卷。卷首收邑圖十餘幅，以下分輿地、建置、人物、藝文諸志。本志有乾隆十八年刻本，今存。

## 〔道光〕瑞金縣志十六卷首一卷

蔣方增修　廖駒龍等纂蔣方增，字漵初，江蘇武進人，監生，嘉慶二十年任瑞金知縣。　　廖駒龍，奉新舉人，縣教諭。

清道光二年（1822）刻本　存

光緒《江西通志》藝文略：《瑞金縣志》十六卷道光二年知縣

蔣方增修。

《中國地方志聯合目錄》。

蔣方增序瑞金志肇自前明嘉靖壬寅，迨國朝乾隆癸酉，凡六修，規模初具，而體例未精……因于辛巳仲春大集紳耆，悉心商榷，眾情踴躍，詢謀僉同。遂開局綿江書院，延邑孝廉鐘奕德等分司其事，綱羅散軼，載考遺文，沿舊綴新，刪繁補缺，於七十年來孝友義節之事蹟，學士大夫之述作，以至高流逸品遷客騷人凡所題詠，罔弗旁搜遠訪，不憚精詳。予雖簿書旁午，鞅掌風塵，一字一編，必經手訂，區區之心，亦期無憾於前人，無愧於來者而已，閱十月而書成……（道光二年）

【按】本志修於道光元年仲春，十閱月成書，主修者知縣蔣方增有序記其事。此修以乾隆志為本，頗有損益增訂，其纂人廖駒龍序曰：「今觀斯志，綜計錄於舊篇，正訛舛於曩冊，其仍舊者固刪穢去冗，其新入者亦嚴收慎擇。」蔣序自稱「一字一編，必經手訂，區區之心，亦期無憾於前人，無愧於來者而已」。全書凡十六卷首一卷。正文卷一輿地志，卷二田賦志，卷三、四營建志，卷五秩官志，卷六選舉志，卷七至九人物志，卷十至十五藝文志，卷十六雜志。子目四十有六。所記內容較前志多有增廣。張國英謂本志「詳核整贍」（光緒縣志序）。

## 〔光緒〕瑞金縣志十六卷首一卷

孫長慶　張國英修　陳芳等纂孫長慶，山東蓬萊縣進士，同治八年任瑞金知縣。　張國英，北平籍武進縣舉人，同治十二年署瑞金知縣。　陳芳，字鬥元，號花尉，本邑舉人。

清光緒元年（1875）刻本　存

《中國地方志聯合目錄》:《瑞金縣志》十六卷首一卷張國英修，陳芳等纂。清光緒元年刻本。

張國英序大憲檄催新志，問請邑紳，乃知前令孫於己巳招紳開局，曾具稿呈省，事未竣而孫去，自是費缺淹滯者兩年。余乃進邑紳相與籌費，務使眾情悅豫，與事靡間，仍延舊時操管之士，於己巳所有者增之，所闕者補之。凡採訪所收，毋遺毋濫。余雖譾陋，昕夕商榷釐正，不敢憚勞，于夏五開局，數月蕆事……（同治十三年）

【按】同治十年，知縣孫長慶奉檄開局修志，至十一年，綜稿兩次，稿具呈省。是年九月孫氏調去，遂輟局。同治十三年夏五月，署知縣張國英籌費重開志局，仍延前操管者重理志稿，或增或補，至是年冬全書告成，光緒元年刊竣。其事略見張序及本志凡例。是志係道光蔣志之續編，體裁仍蔣書之舊，依各門目增入道光二年以後之事，所增者注明「新增」字樣。

## 〔民國〕瑞金縣志稿八卷

陳詒修　陳政均纂陳詒，民國二十九年任瑞金縣長。　　陳政均，瑞金縣志編委會主任。

民國三十年（1941）鉛印本　存

《中國地方志聯合目錄》:《瑞金縣志稿》八卷陳詒修，陳政均纂。民國三十年鉛印本。

【按】本志修於民國二十九年。全書分八章四十二節，一章沿革、二章地理、三章人民、四章黨務與團務、五章縣政與司法、六章交通與經濟、七章朱毛據境紀實、八章建設新瑞金運動。編前有序文及輿圖。本志採用年鑑體編寫，體裁異於舊志。

民國三十年編成付印。

## ▶ 石城

　　《永樂大典》引《石城縣志》佚文一條。該志修纂年代不明。考諸文獻，石邑舊乘尚未見有先於此者。明修邑志；僅知有弘治六年魏志、崇禎十六年尚志。其間雖有民間私輯本，如崇禎時邑人陳氏之《邑乘裁料》及「諸君子之所撰」。此即陳露所謂「外志」者。然《裁料》蓋資料輯存，今不著錄；「諸君子所撰」又未得其詳，無從著錄也。入清以來，縣志先後凡六修：順治六年董志成書在先，順治十七年又有郭志；其後有乾隆十年王志，乾隆四十六年楊志；道光四年又有朱志。道光以下，未見文獻記載。考光緒《江西通志》載有清咸淳、同治間若干石城事，所注出處為《石城縣志》。又據清光緒元年《瑞金縣志》張國英序：「大憲檄催新志，問諸諸邑紳，乃知前令孫於己巳（按同治八年）招紳開局，具程呈省，事未竣」云云。按瑞金、石城俱寧都州屬邑。同治八年憲檄修志之事，寧都州、石城縣未見有記載。或石城於同治間有志稿呈省而未另刊宣行。亦不可知也。謹略說於茲。舊縣志今存者有順治十六年郭志、乾隆十年王志、乾隆四十六年楊志、道光四年朱志四種。

　　《太平寰宇記》云「（石城縣）本石城場，偽唐改為石城縣」，以山多礧峙如城，因名焉。宋隸贛州，元屬贛州路，明屬贛州府。清乾隆十九年以前屬贛州府，此後屬寧都直隸州。

## 石城縣志

　　佚名修纂

修纂年不詳　佚

《永樂大典》卷九七六四，二十二覃，岩聖石岩，引《石城縣志》一條。

《江西古志考》卷九：《石城縣志》佚卷數、撰人。未見著錄。

【按】清順治十七年《石城縣志》郭京堯序曰：「琴江志，一修於弘治辛亥，再修於崇禎癸未，俱兵燹後不可搜討。」弘治辛亥（四年）石城縣志係魏儞所修，郭序以魏志為本邑志乘之最早修本，後之志家大都以郭說為是，沿用不疑。光緒《江西通志》著錄本縣舊志，亦無有先於弘治本者。今輯《永樂大典》引《石城縣志》一條，佚文有「贛州府石城縣」，知所志必為贛之石城。按本縣明初隸贛州府，佚文之「贛州府」三字，或《大典》引者依其時制增入，故未可據以考斷是志必為明初所修。本志修纂年代雖失考，但至少先於弘治魏志近百年，自不待言矣。

## 〔弘治〕石城縣志

魏儞纂魏儞，浙江寧波人，成化十二年任石城縣教諭。

明弘治四年（1491）修本　佚

光緒《江西通志》藝文略：《石城縣志》弘治四年知縣魏 修。

【按】明崇禎癸未《石城縣志》尚承業序云：「顧入明自魏學博儞而後，志卒殘闕弗修。」又清道光甲申縣志許瓊序云：「謹按石城自南唐（李璟）保太十一年建縣以來，書缺有間矣，洎有明弘治四年辛亥司訓魏儞始作志，尚志謂其迫於成命，率多簡略，今亦副本無存矣。」據此，明弘治四年魏氏纂有邑志。道光志許序謂魏志係本邑志乘之「始作」，不確。又順治縣志郭堯

京序稱明弘治辛亥志、崇禎癸未志「俱兵燹後不可搜討」。本志是否亡於明清之際，不詳，崇禎志清乾隆間猶存。又光緒《通志》錄本志纂者魏氏為知縣，不確。據道光縣志卷四，職官志，教諭：「魏儞，浙江寧波衛人，成化十二年任，纂修縣志。」明弘治三年至八年石城知縣為李尚義。

## 〔崇禎〕石城縣志十卷

尚承業修　陳露纂尚承業，字克成，號九　，陝西武功縣舉人，崇禎十年任石城知縣。　　陳露，字子文，本邑貢生。

明崇禎十六年（1644）刻本　未見

光緒《江西通志》藝文略：《石城縣志》十卷崇禎十六年知縣尚業修。

尚承業序予令石在，因求小之所謂東西華者而登焉。山與城相望而立，其高雖不能五千仞削成而四方者，若太華之雄，其鳥雖不必可禦火，草不必可已心痛若少華之異，乃余家秦，去兩華既不遠，官而又得東西華，搜討其間，華於予若有夙好焉，而於予相值也。爰抽架上志，取所謂東西華考之，其生於此者，雖不必如吾兩華間班馬杜韋其光氣熊熊運魂魂於今為烈，而文獻若晉公之世其閭，武績若太尉之代有閳，簡棲遙集若溫公，革之樂道弗衰也，山川人兩有其重，而因以重其志，志於石城，焉得荒遠少游哉。顧入明自魏學博儞而後，志卒殘闕弗修，予心傷之。明經陳君露者為任其事，志成，而使後乎此者讀是書，而知為予之令於此者之所為也，庶幾其有以謝山靈乎。嗟乎，予令此土已七年於今矣，回憶兩華，不啻故人之耿耿於懷。今予且謝事歸，共於東西華者，又如良友之去予左右焉，唯此志時在幾案間，即山之顏面雖遠；而山之精神猶若存焉，則予

於是志又何能己已也。或曰：兩華於君為家山，官而不能去，心固也，所謂東西華者，客耳，烏用此戀戀為。余則曰：否否，人生總客耳，且予之家於兩華者久，而官於東西華者暫也，予繇官而歸得兩華者遊之，無異故人之再遇，若所謂東西華者非是志而良友將不復晤言矣。則予於是志也何能己已也。（崇禎十六年）

陳露序志之久而未修也，露大父慮之，其於邑事無細，耳眼所到，即為呼管，又從而委委原原，目曰「邑乘裁料」。歲壬午，大人長者起而議修，知露先手之澤存，遂委露復遍索諸君子之所撰者，具送山軒備采。固辭勿許⋯⋯於是取內外志草僭行刪定，匯次而為十卷⋯⋯（崇禎十六年）

【按】本志修於崇禎十五年，主筆陳露有序記其事。據陳序可知，本志編纂之前，陳露之祖父已有「邑乘裁料」之輯，此係其「耳眼所到」之資料彙編。又陳氏自稱「復遍索諸君子之所撰者」，則其時尚有民間私家志乘撰輯。此當陳序所謂之「外志」也。所言「內志」，疑指前官修邑乘。惜陳序於此「內外志」語焉不詳。本志十卷，刻成於崇禎十六年，其書存亡不明。清乾隆庚子縣志黃鶴雯序謂「自南唐入宋，由宋遞明，其志既不可見，所可見者崇禎癸未年之志而已」。又道光甲申縣志許瓊序只言弘治魏志「今亦副本無存」，不言本志亡佚。又曰：「順治十五年庚子郭公堯京蒞修之，悉本尚志。」則本志至清道光間猶存，故許序因有「纂輯義例謹嚴，考據亦核」之考語。知順治縣志郭序所言本志亦「兵燹後不可搜討」，未可據信。又光緒《通志》著錄「知縣尚業修」，「尚」下脫一「承」字。

### 〔順治〕石城縣志[1]

董應譽修董應譽，常州武進人，進士，順治六年任石城知縣。

清順治六年（1649）修本　佚

【按】未見著錄。據順治庚子縣志郭序：「皇清順治己丑，昔賢董復志之，爾時寇環於疆，士竄於莽，延訪未博，而傳者不得其實，觀者不能無遺憾云。」又乾隆庚子縣志黃鶴雯序亦云：「逮我朝，一修於邑侯董，再修於邑侯郭，三修於乾隆乙丑邑侯王。」此言「董侯」，即董應譽，清順治六年任石城知縣，修纂縣志。據郭序僅言董志「延訪未博」，未說其書未成，然道光志許序卻稱：「知縣董公應譽有事舉修，以時方寇警，未果卒業也。」其據不明，而道光志中又多處輯錄董志舊文，或董志當有成稿而未付梓。又據順治郭序，董志修於順治己丑（六年），而道光志卷四，官師，知縣載董氏順治七年任石城知縣。按郭堯京知石城，稍晚於董，其言當更為可信，今從郭說。

### 〔順治〕石城縣志[2] 十卷

郭堯京修　鄧鬥光纂郭堯京，字平野，黃中鹿苑舉人，順治十年任石城知縣。　鄧鬥光，字問槎，本邑貢生。

清順治十七年（1660）刻本　存

光緒《江西通志》藝文略：《石城縣志》順治十七年知縣郭堯京修。

《中國地方志聯合目錄》：《石城縣志》十卷郭堯京修，鄧鬥光等纂，清順治十七年刻本。

郭堯京序琴江志一修於弘治辛亥，再修於崇禎癸未，俱兵燹後不可

搜討……皇清順治己丑,昔賢董復志之,爾時寇環於疆,土竄於莽,延訪未博,而傳者不得其實,觀者不能無遺憾云……今大中丞佟公以瀛海人瑞維憲虔陽,下車之後,整肅率屬,百廢肇新,顧虔之黌宮圯弛,大懼重地弊陋,無以為率屬寇冕,慨焉葺而新之,征志下邑將匯覽焉。京不敢辭,遂揖邑之志老成人而告之曰……書成,將進之大中丞以核厥實,諸君子乞京端於簡,京不敢辭焉,姑以俚意記之。(順治十七年)

【按】本志修葺去順治六年董修本僅十年。其時憲府「徵志下邑,將匯覽焉」,郭堯京奉檄修葺石城志。道光縣志許瓊序稱郭氏此修,「悉本尚志為權輿,事皆核實,質而有文」。全志十卷,分為八類,子目七十有五。其中封域、營建、食貨、秩祀、職官、選舉、人物、雜志諸類各為一卷,藝文兩卷。體例編排欠明晰,所志人事亦頗疏略。

## 〔乾隆〕石城縣志[1] 八卷

王士倧修　劉飛熊等纂<sub></sub>王士倧,號蘊齋,鑲紅旗漢軍,進士,乾隆三年任石城知縣。　劉飛熊,字聖峨,金溪舉人。

清乾隆十年(1745)刻本存

光緒《江西通志》藝文略:《石城縣志》乾隆十年知縣王士倧修。

《清史稿藝文志補編》。

《中國地方志聯合目錄》。

王士倧序<sub></sub>癸亥秋,觀察朱公按部巡琴,見學宮煥然、義館創立,極蒙獎許。予乘間更以城垣、邑志請,愈益嘉尚,勉予興事勿緩。爰集鄉之賢士妥議兩舉並興,捐助者不功而徠,承辦者不鼓而勵,年未期而城又

竣，志書亦已就緒……（乾隆乙丑歲秋月）

【按】本志修於乾隆八年癸亥，由知縣王士俒主修之。參纂人陳倜有序稱：乾隆癸亥春，邑令王仕俒主持修志，「是歲冬仲，余鐸職蒲亭乞休，得以甲子夏中旋裡，不問外事，乃志館不以為髦，通於邑侯，請繼其事。季冬乃就館，而金溪劉孝廉聖峩、黃子公輔、溫子遜周與家紀昭出其所編輯成帙者以質，檢閱之際，重加反覆，煥然與前志改觀。因不揣愚慮，增以補綴，加以釐定……乙丑秋，聖峩、遜周以公車旋，又舉所疑難者重加折衷，復經旬月而志告成」。知本志之修，始於乾隆八年春，閱三載乃成。全書凡八卷，分輿地、經制、田賦、官師、選舉、人物、紀事、藝文八分志，各占一卷，下分子目八十。體制規整，較前志大有改觀。自明弘治以來，石城縣志凡四修，諸本記事大都疏略，本志於舊乘記載之訛誤處有所較訂，並補充其所未備。又藝文一志，頗為編者所重，雖為一卷，篇幅卻占全志三分之一。本志修成於乾隆十年，原刻本今存。

## 〔乾隆〕石城縣志[2] 八卷

　　楊柏年修　黃鶴雯纂楊柏年，直隸靜海舉人，乾隆四十年任石城知縣。　　黃鶴雯，字曉峰，號蘅臯，本邑舉人，原任廣昌縣教諭，截選知縣，實援廣西永福和縣。

　　清乾隆四十六年（1781）刻本　存

　　光緒《江西通志》藝文略：《石城縣志》乾隆四十五年知縣楊柏年修。

　　《中國地方志聯合目錄》。

楊柏年序先是乙丑歲，曾經踵修邑志，逮茲逾三紀矣。邑中紳士復有是請……予因是進諸紳士而論之曰：美物者貴依其本，贊事者宜本其實，是役也，其無夸無飾為善……於是又進諸紳士而論之曰：是役也，沿波而討源，或本隱以之顯……（乾隆十六年）

【按】本志修纂，邑舉人主筆黃鶴雯有序記之，曰：「夫自南唐入宋，由宋遞明，其志既不可見，所可見者，崇禎癸未年之志而已。逮我朝則一修於邑侯董，再修於邑侯郭，三修於乾隆乙丑邑侯王。茲逢我邑侯楊，政通人和，百務俱舉，念邑已隸於寧而志尚仍其舊，不可以不修。於是請命於大吏，命鶴雯握管從事，始於今年春杪，閱八月書成。」本志八卷，體例沿用乾隆乙丑志，所列分志八門，一仍前志之舊，子目亦八十，略有改易。如黃序所謂「就舊志而芟其繁蕪，增所未備，核其詳，志其實」。許瓊序道光縣志時評本志曰：「刪除繁縟，深得體要。」本志有乾隆四十六年刻本，今存。

## 〔道光〕石城縣志八卷圖一卷

朱一慊修　黃穎　許瓊等纂朱一慊，號西浦，安徽寧國府涇縣舉人，正白旗覺羅學官教習，道光元年任石城知縣。　黃穎，字遂才，號瑞侖，本邑進士。　許瓊，字湘崖，號毗圃，本邑貢生。

清道光四年（1824）刻本　存

清光緒十五年（1889）抄本　存

光緒《江西通志》藝文略：《石城縣志》道光四年知縣朱一慊修。

《中國地方志聯合目錄》：《石城縣志》八卷圖一卷朱一慊修，

許瓊纂，清道光四年刻本，清抄本。

許瓊序道光元年秋，邑侯朱西浦先生以名孝廉來治石城，惠政日新，歲豐民輯。越一年，撫軍纂修通志，徵志屬邑以備采。會寧都州亦有州志之役，因諭集邑人士開局修茸……今屆修茸，亦無容踵事增華，但義例稍有未協者正之……其各類中原載，事雖仍舊，文間從新，悉本邑侯手定，示不敢專也，新入諸類遵憲揭榜方行采入……（道光四年）

【按】道光二年，「撫軍征修通志，征志屬邑以備采，會寧都州亦有州志之役」，知縣朱一慊因設局修輯邑志。本志之修，本乾隆四十六年縣志，續載近事，卷帙門目亦沿襲之。如纂者許瓊序所云：「乾隆四十六年辛丑知縣楊公柏年敦請邑名宿黃明府蘅皋專其事，刪除繁縟，深得體要，今屆修輯，亦無容踵事增華，但義例稍有未協者正之，而於學校增先賢先儒名暨鄉賢忠孝義節之在祠祀者；於書院載院規膏火租石備稽考也。其各類中原載，事雖仍舊，文間從新。」又本志有道光四年刻本，今存。道光四年《寧都直隸州志》凡例曰：「石城縣志修於乾隆四十六年邑舉人黃鶴雯，自黃志後據《石邑草志》增載。」按此《石邑草志》當是本志上之於寧都州之草本，非道光縣志前又有一「石邑草志」也。

## 〔同治〕石城縣志

佚名修纂

清同治間修本　未見

【按】本志未見著錄。據檢《江西通志》光緒修本，載有咸豐、同治間本邑之事，注明其采自《石城縣志》，則同治年間石

城縣有修志之舉，又考同治間，贛州府曾舉修府志，檄所屬各邑輯錄志乘，諸縣所修，大抵成之同治十年之前，石城志亦當如是。然光緒《通志》藝文略未錄同治石城縣志，或是志以稿本呈府，未能鋟梓，亦未可知也。今著錄之，且存疑俟考。

# 志書異名對照表

　　1. 本書所錄志書，凡書名中不含地名及所含地名與今地名不同者，可用此表由書名檢出該書相應的今地名。

　　2. 含地名的志書，本表一般只錄書名中的地名詞，書名的其餘部分從略，必要時加「－」表示有省略。

　　3. 本表按所列書名或經省略後的書名音序排列，「/」後為相應的今地名。

**A**

艾國拾遺/修水

愛蓮編/蓮花

安成-/安福

安仁-/余江

鼇溪-/樂安

**B**

白下大記/泰和

寶唐拾遺/崇仁

**C**

長寧-/尋烏

**D**

大庚-/大余

德化-/九江

**E**

恩江-/永豐

**F**

分寧-/修水

豐乘/豐城

豐水-/豐城

福乘藏稿/安福

富州志/豐城

**G**

干越志/餘干

廣信-/上饒

廣永豐-/廣豐

**H**

禾川-/永新

**J**

吉州-/吉安

建昌（軍、府）-/南城

建昌（縣）-/永修

建武軍-/南城

江州-/江西

/九江

筠州-/高安

**L**

瀲水志林/興國

臨江-/樟樹

臨汝-/臨川

龍泉-/遂川

隆興-/南昌

廬陵-/吉安

瀘溪-/資溪

羅山-/崇仁

**M**

馬湖志/豐城

**N**

南安-/大余

南康-/贛縣

/星子

寧縣-/修水

寧州-/修水

**P**

番江-/波陽

番陽-/波陽

鄱陽-/波陽

**Q**

虔台-/贛縣

虔州-/贛縣

清江-/樟樹

鈐岡-/分宜

泉江類編/遂川

**R**

饒南九三府圖說/江西

饒州-/波陽

瑞陽-/高安

瑞州-/高安

**S**

蜀江志/高安

**T**

太和-/泰和

**X**

西昌-/泰和

新昌-/宜豐

新城-/黎川

新淦-/新幹

新吳志/奉新

新喻-/新餘

信州-/上饒

興安-/橫峰

星源-/婺源

尋陽-/九江

潯陽-/九江

**Y**

鉛書/鉛山

鹽乘/宜豐

邑乘紺珠/南豐

義寧-/修水

銀峰志/德興

永寧-/寧岡

永平志/鉛山

盱江-/南城

雩都-/于都

豫章-/江西

/南昌

袁州-/宜春

**Z**

章貢-/贛縣

昭萍志略/萍鄉

江西文庫 A0701B32

# 贛文化通典（方志卷） 第五冊

主　　編　鄭克強

版權策畫　李　鋒

責任編輯　林以邠

發 行 人　陳滿銘

總 經 理　梁錦興

總 編 輯　陳滿銘

副總編輯　張晏瑞

編 輯 所　萬卷樓圖書股份有限公司

排　　版　菩薩蠻數位文化有限公司

印　　刷　維中科技有限公司

封面設計　菩薩蠻數位文化有限公司

出　　版　昌明文化有限公司

桃園市龜山區中原街 32 號

電話 (02)23216565

發　　行　萬卷樓圖書股份有限公司

臺北市羅斯福路二段 41 號 6 樓之 3

電話 (02)23216565

傳真 (02)23218698

電郵 SERVICE@WANJUAN.COM.TW

大陸經銷　廈門外圖臺灣書店有限公司

　電郵 JKB188@188.COM

**ISBN 978-986-496-365-2**

2018 年 1 月初版

定價：新臺幣 360 元

如何購買本書：

1. 轉帳購書，請透過以下帳戶

　合作金庫銀行 古亭分行

　戶名：萬卷樓圖書股份有限公司

　帳號：0877717092596

2. 網路購書，請透過萬卷樓網站

　網址 WWW.WANJUAN.COM.TW

大量購書，請直接聯繫我們，將有專人為您

服務。客服：(02)23216565 分機 610

如有缺頁、破損或裝訂錯誤，請寄回更換

版權所有·翻印必究

Copyright©2016 by WanJuanLou Books CO., Ltd.

All Right Reserved　　**Printed in Taiwan**

國家圖書館出版品預行編目資料

贛文化通典. 方志卷 / 鄭克強主編. -- 初版.
-- 桃園市：昌明文化出版；臺北市：萬卷
樓發行, 2018.01

　冊；　公分

ISBN 978-986-496-365-2 (第五冊：平裝). --

1.方志 2.江西省

672.408　　　　　　　　　107002013

本著作物經廈門墨客知識產權代理有限公司代理，由江西人民出版社授權萬卷樓圖書
股份有限公司出版、發行中文繁體字版版權。

本書為臺灣師範大學國文學系產學合作成果。　　　校對：梁潔瑩